기독교문서선교회(Christian Literature Center: 약칭 CLC)는 1941년 영국 콜체스터에서 켄 아담스에 의해 시작되었으며 국제 본부는 미국 필라델피아에 있습니다. 국제 CLC는 59개 나라에서 180개의 본부를 두고, 약 650여 명의 선교사들이 이동도서차량 40대를 이용하여 문서 보급에 힘쓰고 있으며 이메일 주문을 통해 130여 국으로 책을 공급하고 있습니다. 한국 CLC는 청교도적 복음주의 신학과 신앙서적을 출판하는 문서선교기관으로서, 한 영혼이라도 구원되길 소망하면서 주님이 오시는 그날까지 최선을 다할 것입니다.

정 무 룡 목사
가재리교회 담임

"현대인의 상처받은 마음을 위로하고 치유하는 책!"
모든 생명의 근본이 되는 물은 절대로 높은 곳에 머물러 있지 않습니다. 낮은 곳으로 흘러 흘러 사막을 옥토로 만들고, 풍성한 열매를 맺게 합니다. 그리고 그 누구와 부딪쳐도 다투지 아니하고 굽이굽이 돌아서 갑니다. 또한 세상의 더러운 것을 깨끗하게 씻겨줍니다.
하정원 목사님의 『하나님의 선물, 오늘 하루』는 그런 물을 닮았습니다. 현대인의 목마른 심령을 시원케 하고, 사막과 같은 마음을 옥토로 만들고, 독자로 하여금 감동을 일으켜 마음에 긍정적인 변화가 일어나게 합니다.
이 책은 자신을 드러내는 글이 아니라 현실의 벽이 너무 높아 자신이 감당할 수 없어서 때로는 낙심되고, 힘들고 지치고, 실망한 현대인의 상한 마음을 따뜻하게 위로하고, 상처받은 마음을 치유하고, 용기와 희망을 주며, 평범한 일상의 삶을 통하여서 감동을 선사하는 그런 글입니다.
이 책은 마음과 마음이 연결되어 서로에게 안부를 묻고, 혼자가 아니라 함께 가는 동행의 삶을 제시하는 따뜻한 책입니다. 하정원 목사님의 『하나님의 선물, 오늘 하루』가 또 다른 새로운 길로 여러분을 안내하는 통로가 될 것을 기대하며 이 책을 추천합니다.

곽 숭 기 목사
대구신암교회 담임

저는 숭실대학교 동문의 인연으로 목사님과 오랜 시간 함께 교제하여 왔습니다. 그런 가운데 최근 언젠가부터 하정원 목사님이 저에게 집필하던 글들을 하루하루 보내 오기 시작 했습니다. 목사님의 글을 읽어가면서 그 글들은 고단한 목회 현장에 있던 제게 많은 위로가 되었습니다. 도전도 되었구요. 이번 수필 묵상집 『하나님의 선물, 오늘 하루』는 그 글을 통해 위로를 받은 지인들의 권유로 출간된 책입니다.

하정원 목사님의 글은 바쁘고 분주한 삶 속에서 묵상할 시간을 잃어버려 맹목적으로 살아가는 현대인들에게 인생의 지표를 분명히 제시해 줍니다. 목사님의 글은 상하고 깨진 사람들의 마음을 어루만져 주는 어머니의 손길과 같습니다. 목사님의 글은 깊은 통찰에서 우러나와 시대를 읽게 해 주는 혜안(慧眼)이 있습니다. 목사님의 글은 실의에 빠진 피곤한 인생들에게 새롭게 출발할 수 있는 동력(動力)을 제공해 줍니다. 목사님의 글은 우리가 일상에서 놓치기 쉬운 소소한 기쁨과 즐거움을 재발견하게 해 줍니다. 그래서 목사님의 글은 한번 읽으면 또 읽고 싶은 욕망을 불러일으킵니다.

수필 묵상집 『하나님의 선물, 오늘 하루』는 마음에 상처를 안고 힘겹게 하루하루를 살아가는 이들에게 놀라운 치유와 회복의 선물이 될 것입니다. 또한 하나님께 이미 받았음에도 느끼지 못하는 영적 무감각의 표피를 묵직한 사고의 망치와 예리한 통찰력의 칼로 사정없이 때리고 후벼파서 시원한 카타르시스를 느끼게 해 줄 것입니다. 주님 안에서 새로운 출발을 소원하는 모든 분들에게 꼭 권하고 싶은 책입니다.

김도인 목사
아트설교연구원 대표

'친절함!'
누구나 친절하고 싶지만, 누구나 친절함으로 살긴 어렵습니다. 친절함은 자기를 일정 부분 내려놓아야 되기 때문입니다. 사람들은 타인에게 친절하기보다는 자신을 드러내길 원합니다. 사람은 타인 '사랑'보다는 자기 '자랑'에 관심이 있습니다. 그래서 친절한 사람이 되려면 자기 자랑보다는 타인 사랑이 앞서 있어야 합니다.

이 책은 친절한 책입니다. 작가가 일상, 사람, 자연을 사랑하는 마음에서 '친절함'을 담아내고 있기 때문일니다. 그러나 친절함에서 그치지 않습니다. 삶에서 우려낸 따뜻한 맛을 보여 줍니다. 그 따뜻함은 자신도 모르는 새 큰 '소망'을 품게 해 줍니다. 생각지도 못했던 큰 꿈도 꿈니다. 생각 속에만 있었던 삶의 소망이 퐁퐁 솟아오릅니다.

이 책은 부제가 "마음에 상처를 안고 살아가는 이들이 읽으면 치유가 되는 수필 묵상집"입니다. 이 책은 '친절함,' '따뜻함,' '소망'을 통해 치유가 자연스럽게 일어나게 해 줍니다.

치유뿐만 아니라 생각에 잠기게 해 줍니다. 책의 목차 때문이다. 제1부는 '여름날 가을 바라기'입니다. 제2부는 '가을날 겨울 바라기'입니다. 제3부는 '겨울날 봄 바라기'입니다. 대부분 책은 봄으로 시작하거나 겨울부터 시작합니다. 봄이 빠진 경우는 보기 힘듭니다. 이 책은 봄은 맨 뒤에 나옵니다.

목차에 '여름,' '가을,' '겨울'은 있는데, '봄'이 없습니다. 상처 치유에는 '따뜻함'보다는 '뜨거움'이 있어야 하기 때문입니다. 봄의 따뜻함으로 부족해, 여름의 뜨거움으로 치유가 일어나야 함을 바라는 작가의 배려입니다. 그리고 끝내 남은 '봄'의 몫을 독자에 맡기고 있습니다.

특이하고 재미있는 것은 이 책의 구성입니다. 많은 책들은 '말씀'에서 '일상'으로 나아갑니다. 하지만, 『하나님의 선물, 오늘 하루』는 '일상'에서 '말씀'으로 나아갑니다. 그리고 종국에는 '오늘의 묵상 말씀'으로 연결해 버립니다. 또 다른 구성을 통해 먼저 나를 돌아보게 합니다. 다음으로 하나님을 생각하게 합니다. 마지막에는 말씀에서 답을 찾도록 해 줍니다.

저자는 이 책을 통하여 일상에 대한 다음과 같은 통찰을 보여 줍니다.

우리는 일상을 살아가야 합니다. 일상을 살아갈 때마다 일상과 마주칩니다. 그러나 일상의 마주침에서 그치지 않습니다. 자기와 '부딪힘'을 경험합니다. 그 '부딪힘'이 하나님과의 '만남'으로 연결됩니다. 예를 들면, 작가는 일상의 '그릇 닦기'를 통해 자신의 영혼을 들여다봅니다. 그리고 그 '그릇 닦기'를 통해, 결국 '내 영혼의 그릇 닦기'를 생각하기까지 나아갑니다.

작가는 처음부터 끝까지 치유를 강조하고 있습니다.

왜 작가는 이토록 '치유'에 의미를 두는 것입니까?

그는 "상한 심령으로는 아무것도 할 수 없기 때문이다"라고 말하고 있습니다.

'치유'는 하나님께서 주시는 선물입니다. 자연이 주는 선물이자, 일상이 주는 선물입니다. 그런 의미에서 치유는 마음의 회복입니다. 주를 바라보는 자에게 예비된 삶의 축복입니다. 저자는 이런 선물을 독자들에게 주고 싶어 합니다.

더 나아가 『하나님의 선물, 오늘 하루』의 의미는 독자 여러분에게 주는 선물에서 그치지 않습니다. '기프톨로지'(Giftology)가 되어줄 것입니다. 읽는 순간 따뜻한 감정이 일어날 것입니다. 읽어 가는 동안 소중한 사람들과 관계가 발전될 것입니다. 끝까지 읽으면 상처 난 마음이 회복될 것입니다. 그리고 마지막 손에서 이 책을 놓는 순간 당신의 영혼 깊이 하나님의 사랑이 스며들 것입니다.

세상에 상처 없는 사람은 아무도 없습니다. 만약, 당신이 아픔 가운데 있다면 이 책이 당신에게 최고의 선물이 될 것입니다.

선물은 큰 것이 아닙니다. 치유는 큰 것에서 일어나지 않습니다. 이 책은 작은 것입니다. 작은 것은 언제나 소중합니다. 이 작은 책이 지친 일상을 살아가는 독자에게 오늘만이라도 빙그레 웃게 해 줄 것입니다.

하나님의 선물, 오늘 하루

다음에 상처를 안고 살아가는 이들이 읽으면
치유가 되는 수필 묵상집

God's gift for you, today
Written by JungWon Ha
All rights reserved.
Korean Edition Copyright ⓒ 2019 by Christian Literature Center, Seoul, Korea

하나님의 선물, 오늘 하루

2019년 12월 30일 초판 발행

| 지은이 | 하정원 |

편집	구부회
디자인	노수경, 전지혜, 한우식
펴낸곳	(사)기독교문서선교회
등록	제16-25호(1980.1.18.)
주소	서울특별시 서초구 방배로 68
전화	02-586-8761-3(본사) 031-942-8761(영업부)
팩스	02-523-0131(본사) 031-942-8763(영업부)
이메일	clckor@gmail.com
홈페이지	www.clcbook.com
송금계좌	기업은행 073-000308-04-020 (사)기독교문서선교회

ISBN 978-89-341-2054-4(03230)

이 도서의 국립중앙도서관 출판예정도서목록(CIP)은 서지정보유통지원시스템 홈페이지 (http://seoji.nl.go.kr)와 국가자료종합목록 구축시스템(http://kolis-net.nl.go.kr)에서 이용하실 수 있습니다. (CIP제어번호 : CIP2019044615)

이 책의 저작권은 저자와 (사)기독교문서선교회가 소유합니다. 신저작권법에 의하여 한국 내에서 보호받는 저작물이므로 무단 전재와 무단 복제를 금합니다.

하나님의 선물, 오늘 하루

God's gift for you, today

마음에 상처를 안고 살아가는 이들이
읽으면 치유가 되는 수필 묵상집

하정윤 지음

CLC

목차

추천사   1
정 무 룡 목사(가재리교회 담임)
곽 숭 기 목사(대구신암교회 담임)
김 도 인 목사(아트설교연구원 대표)

프롤로그   13

제1부 여름날 가을 바라기 _____ 25
솔직함이 치유의 시작입니다

1. 그리스도인의 향기   26
2. 파워 테라피   29
3. 언제 그리 오셨는지   32
4. 똥 묻은 나   35
5. 사십 년 지기 친구   38
6. 깊은 산속 옹달샘   42
7. 가방 들어주기   45
8. 강심수정   48
9. 아버지는 구두닦이   51
10. 화장실 곰팡이   54
11. 복면가왕   57
12. 고구마와 헌책방   60
13. 가시나무새   63
14. 적응통   66
15. 사도세자   69
16. 생각, 감정, 의지   72
17. 굵은 왕소금   75
18. 삼백 년 간다   78

19. 우생마사(牛生馬死)!	81
20. 만 오천 원	84
21. 잊어버린 차 열쇠	87
22. 미운 오리 새끼	90
23. 불자가 교인보다 낫네!	93
24. 네 아빠가 누구시니?	97
25. 빅 아이즈	100
26. 수구초심	103
27. 비포장도로	106
28. 물이 마른 저수지	109
29. 달리고 싶은 자전거	112
30. 영어 학원 기사 아저씨	115

제2부 가을날 겨울 딸기 _____118
내려늙음이 변화의 중심입니다

1. 공존과 대립	119
2. 홀로 된다는 것	122
3. 유수불부	125
4. 당신의 마지막 오늘	128
5. 내 머릿속의 지우개	131
6. 길조와 흉조	134
7. 겨울나무	137
8. 무지개 눈	140
9. 그 집 순대국	143
10. 스산한 등산로	146
11. 나비가 된 송충이	149
12. 이 수난 시대	152
13. 우연일까요	155
14. 소통의 혁명	158
15. 사랑은 미친 짓입니다	161
16. 우리 동네 주유소	165

17. 고요한 밤 거룩한 밤	168
18. 한국전쟁	171
19. 엉덩이 주사	174
20. 칼집 안의 명도	177
21. 냉장고를 부탁해	180
22. 오십 대 중년	184
23. 중고 세탁기	187
24. 어른아이	190
25. 다리 밑 '애가'	193
26. 설거지 미학	196
27. 슈리페어	199
28. 은쟁반 금사과	202
29. 코인 노래방	205
30. 상처 치유제	209

제3부 겨울날 봄 바라기 _____212
모자람이 은혜의 완성입니다

1. 주름 계급장	213
2. 심각한 질병	216
3. 통가슴살버거	220
4. 버블 베스 한두 방울	223
5. 어깨에 있는 먼지	227
6. 호우시절	232
7. 진짜 같은 가짜	236
8. 깨우길 잘 했다	239
9. 지지 않는 목련꽃	242
10. 쓰레기 분리수거함	245
11. 난지도	248
12. 꽃차의 향기	251
13. 순둥이와 깡패	254
14. 기름 없음	258

15. 테니스의 재미	261
16. 따뜻한 그녀	264
17. 그녀의 '코' 사인	268
18. 봄나물 캐는 아낙네	272
19. 감기 옮기기	276
20. 독수리 아저씨	280
21. 재즈 피아니스트	284
22. 공짜란 없다	288
23. 일상의 축복	292
24. 잠자는 나무	296
25. 우산 장수와 아이스크림 장수	300
26. 육칼, 촌밥, 왕만두	304
27. 저장 공간 부족	308
28. 인턴사원과 정직원	312
29. 옐로우스톤국립공원	316
30. 영혼을 망치는 해충	320

에필로그 치유는 더해지는 것이 아니라 내려놓는 것이다	323

자신 안에 갇혀 있는 사람,
자신 안에 매여 있는 사람,
자신 안에 머물러 있는 사람은
결코, 치유될 수 없다.

프롤로그

1. 오늘 '하루'는 하나님이 허락하신 특별한 '선물'이다

1) 잎은 어느새 눈물방울이 되어 옷자락 위에 뚝뚝 떨어졌다

사람이 사노라면 전혀 생각지 못했던 아픔을 경험하기도 한다. 그해 봄에 겪었던 아픔은 지금껏 경험했던 아픔과는 좀 달랐다. 그 아픔은 강도 면에서 질 면에서 달랐다.

무엇보다 사랑하고 아꼈던 이들이 내 곁을 떠나간 것이 가장 견딜 수 없는 큰 아픔이었다. 나는 절망과 분노와 무기력의 깊은 수렁 가운데 몇 개월을 보내야 했다.

뼛속까지 파고들던 올무에서 겨우 벗어나 주위를 살펴보았다. 지금껏 나를 견고하게 세워 주었던 것들, 즉 가정과 목회 가운데 있던 신뢰, 비전, 열정, 행복, 의미가 산산이 깨져 있었다. 그리고 '내게 있는 모든 것으로 나는 결단코 견고하리라'고 생각했던 오만도 철저하게 무너져 있었다. 나는 좌절과 고통 가운데 있었다. 그런 나를 지켜보던 이들이 한 사람 한 사람 그렇게 내 곁을 떠나갔다.

그런데 떠나가며 나를 응시하던 그들의 차가운 시선과 말보다 더 힘겨운 것이 있었다. 그것은 신실함으로 끝까지 교회에 남아 있던 성도들 앞에서 아픔과 절망을 감춘 채 저 위대한 믿음의 다윗과 사도 바울이 되는 것이었다.

모든 것을 잃어버렸다는 상실감과 절망감으로 곱씹은 쓴 물이 분노가 되어 온통 내 영혼을 까맣게 불태우고 있었다.

'나에게 어찌 이런 일이 일어날 수 있다는 말인가?'

나는 점점 그렇게 깊은 무기력의 수렁으로 빠져들어 가고 있었다.

그해 봄 벚꽃은 유난히도 시리게 아름다웠고 바람에 한 잎 한 잎 찬란하게 떨어지는 꽃잎은 어느새 눈물방울이 되어 옷자락 위에 뚝뚝 떨어졌다.

2) 그것으로 그들에게 문자는 보낼 수 있지 않겠니?

그렇게 '봄'이 가고 어느새 '여름'이 왔다.

나는 여느 때와 마찬가지로 새벽 기도회 인도를 마친 후 강단에 뒤돌아 앉아 개인 기도를 하고 있었다. 새벽부터 많은 비가 쏟아졌다. 감은 눈 밖으로 가끔 번개의 섬광이 지나갔고 요란한 천둥은 연신 귀를 두드리고 있었다.

"후드득 후드득."

쏟아지는 빗줄기가 교회 천장이며 벽이며 유리창에 부딪히면서 요란한 소리를 내고 있었다.

'새벽부터 왜 이렇게 난리람!'

나는 빗소리와 싸워가며 기도해야 했다. 성도들이 하나둘씩 예배당을 빠져나갔고 나는 깊은 상념에 빠져 늦게까지 제자리에 앉아 기도하고 있었다. 적막이 흘렀다.

'얼마나 시간이 지났을까?'

아침이 다 되어 자리에서 일어나 빈 예배당을 나서기 위해 강단에서 내려오려던 순간이었다. 나는 깜짝 놀라게 되었다. 늦은 시간까지 구석에서 자리를 지키며 기도하는 성도의 모습을 보았기 때문이었다.

'아니, 이 궂은 날씨에 이 늦은 시간까지….'

가슴속에 눌러 놓았던 감정이 북받쳐 올라 더 이상 주체할 수 없었다. 가슴속 깊은 응어리가 눈물을 타고 흘러내렸다. 나는 다시 강단으로 돌아가 한없이 울었다. 그것은 아픔의 눈물이 아니라 감사의 눈물이었다.

'저들도 아주 힘들었을 텐데….'

내 아픔의 무게 때문에 저들의 아픔을 돌아보지 못한 미안한 마음과 고마운 마음이 하나가 되어 가슴을 마구 두들겨댔다.

기도 시간이 끝나갈 무렵, '그들을 위해 나는 무엇인가 해야 하겠다, 아니 해야만 한다'라는 생각을 하게 되었다.

무심코 주위를 둘러보았다. 마침 곁에 있던 핸드폰이 눈에 들어왔다. 핸드폰은 눈을 반짝거리며 마치 "나를 사용해 주세요"라고 말하는 것 같았다. 그리고 어딘가에서 "그것으로 그들에게 문자는 보낼 수 있지 않겠니?"라는 음성이 들려오는 것 같았다.

이들에게 진정 필요한 것은 위로와 격려의 말씀이라는 깨달음이 온 마음을 사로잡았다. 나는 주저함 없이 그날부터 교우들과 아픔 때문에 곁을 떠난 성도들을 위해 묵상 말씀을 써서 핸드폰 문자로 글을 보내게 되었다.

3) 아픔 가운데 있는 이들에게 선물로 줄 수 있는 따뜻한 책

1년 정도 글을 보냈던 것 같다. 참 아이러니하게도 글을 쓰는 과정을 통해 내가 먼저 말씀으로 치유되어 갔다. 글을 쓰기 위해 말씀을 깊이 묵상하게 되었고 하루의 삶 속에 함께하시는 주님을 찾기 위해 일상을 눈여겨 살펴보게 되었다.

꽃과 나무와 바람과 길을 보았다. 그리고 그 길에서 누군가에 의해 꺾이고 발에 차이고 하여 옮겨진 작은 나뭇가지를 보게 되었다.

'저 작은 나뭇가지 하나도 스스로 혼자 저기에 놓이지 못했으리라!'

나는 무심코 지나쳤던 모든 시간을 다시 살펴보게 되었다.

묵상이 거듭되고 모든 것이 우연이 아니라 그분의 인도하심임을 조금씩 고백할 때쯤 하나님이 '그러함에도 불구하고' 여전히 나를 붙들고 계심을 바라보게 되었다.

비로소 나는 나의 삶의 모든 아픔의 근원이 남의 허물이 아니라 나 자신에게서부터 비롯되었음을 깨닫게 되었다.

그때쯤이었던 것 같다. 떠나간 이가 돌아오기도 하고, 떠나간 그들로부터 위로의 전화를 받기도 했다. 모두 다 하나님이 하신 일이다.

몇몇 지인들이 "이 묵상 말씀을 책으로 내면 좋겠다"라고 제안했지만, 주저했다. 왜냐하면, 부족한 글이라는 생각 때문이었다. 하지만, 거듭되는 제안에 이 글이 책으로 출판되어 더 많은 사람이 읽을 수 있다면 유익이 될 수 있겠다는 생각이 들었다. 왜냐하면, 이 글을 쓰는 과정을 통해 하나님께서 어떻게 당신의 자녀들을 치유하시고 회복시키시는지 느꼈기 때문이다.

그리고 나는 그동안 지인들에게 보냈던 묵상 말씀들을 다시 편집하였다. 아픔 가운데 있는 이들에게 선물로 줄 수 있는 따뜻한 책, 지루하지 않고 재미있게 읽을 수 있는 묵상 수필집을 만들어 보자는 마음으로 책을 출간하게 되었다.

4) 묵상 수필집 『하나님의 선물, 오늘 하루』

묵상 수필집 『하나님의 선물, 오늘 하루』는 '하루'의 일상이 하나님이 우리에게 주신 '특별한 선물'임을 고백하고 있다.

하루가 하나님의 특별한 선물이라는 고백은 일상 속에 임하시는 하나님의 임재를 찾기 위해 하루를 자세히 살펴보던 작은 통찰의 결과이다.

또한, 『하나님의 선물, 오늘 하루』에는 상한 마음을 치유하시는 주님의 은혜가 담겨 있다. 상한 마음의 치유는 자신 밖으로 나가 솔직한 자신의 속사람과 대면 할 때 이룰 수 있는 은혜이다.

『하나님의 선물, 오늘 하루』는 갇혀 있는 우리를 밖으로 끌고 나아간다. 주님의 말씀이 나에게 치유와 회복을 선물했듯이 『하나님의 선물, 오늘 하루』를 읽는 모든 이에게 그런 위로가 있기를 바란다.

나는 다 된 사람이 아니라 아직도 갈 길이 먼 사람이다.

나는 계속해서 돼 가야 하는 흠 많은 사람이다.

'지금껏 내가 살아온 것이 아니라 주 안에서 살아져 온 인생'임을 이제라도 고백할 수 있게 되어서 참 다행이다.

2. 상처 없는 사람은 한 사람도 없다

'삶을 산다는 것은 상처를 받고 사는 것'을 말한다. 그래서 누구나 상처를 가슴에 품고 살아간다. 속을 들여다보면 상처 없는 사람은 한 사람도 없다.

상처에는 반드시 아픔이 따른다. 고통의 크기는 상처의 깊이에 비례한다. 그래서 깊은 상처에는 큰 고통이 따른다. 눈치 없이 울컥 쏟아지는 눈물은 덤이다.

절절한 가슴앓이를 해 본 사람은 "울다 지쳐 잠이 들면 천국이다"라는 말이 무슨 뜻인 줄 이해하게 된다.

1) 두 가지 아픔의 감정

'상실감'과 '거절감'은 내면적 고통에 관한 가장 굵직한 감정들이다. 상실감은 자신의 일부를 잃어버리므로 느끼는 '슬픔의 감정'이고, 거절감은 자기 자신의 존재가 거부되었을 때 느끼는 '분노의 감정'이다.

상실의 아픔 가운데 있는 사람은 미친 사람처럼 마구 음식을 먹어대기도 하고, 화난 사람처럼 끊임없이 물건을 사들이기도 한다. 이런저런 모양으로 '상실'을 채우겠다는 것이다.

또한, 거절의 아픔 가운데 있는 사람은 그 절망감을 폭력으로 표출하기도 하지만, 분노의 창구를 찾지 못하면 심각한 우울증에 빠져들게 된다.

상실감과 거절감은 '공통적인 울타리'를 가지고 있다. 그것은 '관계'이다. 이 두 아픔의 감정은 모두 관계 안에서 비롯된 감정들이다.

사람과 사람 사이는 '사랑'이 전부다. 사람은 사랑할 때 동질감, 일체감을 느끼게 되고 충만감에 젖어 든다. 그리고 이때 '행복하다'라고 느낀다. 그래서 사람은 사랑을 잃거나 사랑이 거절되었을 때 자신의 몸 일부가 떨어져 나가는 아픔과 스스로 무너져는 버리는 자괴감을 겪게 된다.

만약, 진심으로 사랑했다면 그 사랑의 깊이 만큼 아프다. 많이 아프다는 것은 많이 사랑한다는 말의 다른 말이다. 그래서 '사랑하면 아프다.'

내 사랑이 진짜인지, 가짜인지 아는 방법이 있다. 그것은 그 사랑 때문에 내가 아픈가, 아프지 않는가를 보면 안다. 사랑하지만 아프지 않다면, 그것은 사랑이 아니다.

2) 사람, 삶, 사랑, 아픔

'사람'이 '사랑'하며 사는 것이 '삶'이다. 그래서 '사람,' '사랑,' '삶'의 글자가 서로 닮았다. 사람 사이에 있는 모든 것은 결국 사랑하자고 존재하는 것들이다. 사랑하면 사람 사이에 있는 모든 것을 보상 받는다.

이때 사람은 자신의 자존감을 확인하게 되고 "나는 행복합니다. 그리고 기쁩니다"라고 고백하게 된다. 그래서 사람에게 사랑은 '존재의 목적'이다. 하지만, 사랑하며 사는 삶이 그리 만만하거나 녹녹하지는 않다. 사랑이란 자기 자신을 부인하는 것이기 때문이다. 사람은 근본적으로 철저하게 이기적이다. 인간의 이기적인 마음은 다친 팔이 안으로 굽는 것과 같다.

사랑은 순리를 깨고 팔을 밖으로 꺾는 '역리'이다.

그래서 사랑하면 아프지만, 이 아픔은 문제가 되지 않는다. 안 아파서가 아니다. 사랑할 때 아픔은 그저 사랑의 기쁨을 위한 장식에 불과하기 때문이다.

사랑한다면 큰 아픔은 오히려 '사랑의 증거'가 된다. 그래서 역설적으로 지독한 사랑의 아픔이 있는 곳에 활활 타오르는 '사랑의 기쁨'이 있다. 그러나 모든 사랑의 아픔이 모두 다 기쁨으로 귀결되지는 않는다.

> 사랑 속에서 내 것을 챙기기 시작할 때, 사랑하면서 억울해지기 시작할 때, 사랑의 아픔은 사랑의 증거가 아니라 '무기'가 된다. 그리고 이 가공할 만한 무기는 결국 '파국의 종말'을 부른다.

반면, 아픔이 기쁨이 되는 사랑은 '불'을 닮았다. 자기를 기꺼이 태우며 '빛'을 밝힌다. 불은 빛이 될 때 자기 소멸을 절대 슬퍼하지 않는다. 빛은 비추어지는 순간 '불멸'이기 때문이다.

3) 사랑의 기원

'사랑의 기원'은 무엇이고 사랑은 왜 이런 아픔의 모양을 하고 있을까?

이 질문의 답은 의외로 간단하다.

'하나님'이 사랑의 기원이시고 하나님의 사랑이 이런 모양을 하고 있기 때문이다. 하나님은 사랑을 창조하신 분이시지만, 하나님은 기꺼이 자신이 만든 사랑이 되시기를 주저하지 않으셨다.

창조자가 사람을 위해 '피조물이 되는 사건'이 바로 사랑이다.

그래서 사랑은 '자기희생'이며 '포기'다. 하나님도 사랑할 때 아파하신다. 하나님은 그의 아픈 사랑을 통하여 의와 선을 이루신다. 사람이 사랑하며, 살아가고, 아파하면서도 사랑하는 것은 사람이 하나님의 형상대로 창조되었기 때문이다.

사도 요한은 "하나님은 사랑이시다"라고 고백했다. 이 고백은 "하나님은 거룩하시다"라는 말씀을 빼닮았다.

사랑의 또 다른 모양은 '거룩'이다. 사람이 아픈 사랑을 두려워하지 않아야 하는 이유는 사랑이 사람을 '성숙'으로 이끌기 때문이다. 인간의 성숙은 '사람이 사람 되는 것'이고 하나님의 의는 '하나님이 하나님 되시는 것'이다.

4) 아픔에도 질이 있다

사람은 상처를 가슴에 묻고 산다. 이 상처가 '훈장'이 되기도 하지만, 이 상처가 '영원한 족쇄'가 되기도 한다. 상처가 다 똑같지 않듯이 모든 아픔이 다 같지 않다. 아픔에도 '질'이 있다.

아픔의 질은 상처를 바라보는 관점에 있다. 어떤 관점으로 이 상처를 바라보느냐에 따라 아픔이 성숙을 가져오기도 하고 끝내 좌절이 되기도 한다.

이 긍정적인 관점이 '지혜'이다. 지혜를 가진 자는 상처의 흔적을 '치유의 흔적'으로 바꾸어 놓는다.

지금 이 글을 읽고 있는 어떤 이들 가운데는 사랑 때문에 시퍼런 칼을 가슴에 갖고 괴로움 가운데 있는 이가 있는가 하면, '과거의 아물지 않은 상처를 누가 건드리지나 않을까' 면도날처럼 날 선 신경을 곤두세우고 있는 이도 있을 것이다.

또, 모든 이로부터 끝내 마음의 문을 닫아버리고 꼭꼭 숨어버리기도 하지만, 어떤 이는 이 모든 아픔을 극복하고 자신의 상흔을 보여 주며 그들의 위로자가 되기를 바라는 이도 있을 것이다.

분명한 것은 상처를 가슴에 안고 살아서는 행복할 수 없다는 것이다. 치유에는 적당한 바람, 햇빛, 그리고 얼마간의 시간이 필요하다.

"상처의 치유는 마음을 여는 것이다."

상처를 꺼내놓기 위해서는 '용기'가 필요하지만, 아픈 이가 상처를 꺼내어 놓기란 쉽지 않다.

그러함에도 우리의 상처가 아주 자연스럽게 치유되는 이유가 무엇일까?

그것은 용기가 없어 주저하고 있는 우리를 이끌고 밖으로 나가시는 주님이 우리 곁에 계시기 때문이다. 우리는 억지로 그분께 끌려 나아가면서 투덜대고 원망하지만, 후에 이것이 '은혜'임을 알게 된다.

제1부
여름날 가을 바라기

솔직함이 치유의 시작입니다

1. 그리스도인의 향기

　수요 예배를 드리러 교회를 향해 가는 길, 차창을 여는 순간 코끝으로 전해지는 향긋한 흙냄새에 멈춰 서고야 말았습니다.
　흙냄새가 이렇게 향긋했단 말인가?
　저는 벌써 차 밖으로 나와 있습니다. 한껏 공기를 들이마셔 봅니다. 달콤합니다. 그리고 머리가 맑아 옵니다. 온몸에 대지의 향이 젖어 듭니다.
　어디에서 이 향이 시작되는 걸까, 궁금해집니다.
　그리고 주위를 둘러봅니다. 트랙터 한 대가 늦여름 이모작 파종을 위해 고운 밭을 갈아엎고 있습니다.
　나는 '그리스도인의 향기'를 생각해 보았습니다.
　그리스도인의 많은 향기 중에 '평강,' '심지의 견고함'을 묵상해 봅니다. 우리는 때론 삶의 어려움 앞에서 어쩔 줄 몰라하며 근심하고 염려하다가 낙심해 버리는 우리들의 모습을 떠올려 봅니다.
　이유는 우리의 삶의 기초가 잘못되었기 때문입니다. 우리의 인생을 '불완전한 나 자신'과 '흔들리는 세상' 위에 올려놓고 살았기 때문입니다.

하지만, 성경은 말씀하십니다.

> 여호와는 자기를 의지하고 마음이 한결같은 자에게 완전한 평안을 주신다(사 26:3, 현대인의성경).

주를 의뢰함은 '맡겨드림'입니다. 맡겨드림이 곧 '믿음'입니다. 맡겨드리는 순간 나의 인생의 짐은 그분의 것입니다. 그래서 맡겨드리면 정말 가벼워지고 자유해지고 견고해집니다.

'평강과 심지의 견고함'은 그리스도인이 가져야 할 믿음의 '향기'입니다. 만약, 당신이 믿음이 있다고 하면서도 여전히 두려움과 염려가 당신을 지배한다면 그것은 자신을 주님께 맡겨드리지 못했기 때문입니다.

당신의 가정, 학교, 직장, 사업장에서 여러분 곁을 스쳐 지나가는 모든 사람이 당신의 이 진한 믿음의 '향기'에 깜짝 놀라서 가던 길에서 멈추어 서도록 '심지의 견고함과 평강'이 충만하길 바랍니다.

오늘은 주님을 의뢰하기….

오늘의 묵상 말씀

이사야 26:3

주께서 심지가 견고한 자를 평강에 평강으로 지키시리니 이는 그가 주를 의뢰함이니이다

Isaiah 26:3

You will keep in perfect peace him whose mind is steadfast, because he trusts in you.

2. 파워 테라피

　집안 청소를 합니다. 가을맞이 청소라고 하기엔 너무나 이르지만 오늘은 기쿤입니다. 구석구석에 묵은 것, 사용하지 않는 것, 오늘은 모두 정리하리라 마음을 먹고 숨어 있던 물건들을 죄다 끄집어냅니다.
　드레스룸 안쪽에 숨어 있는 의료 기구 하나가 보입니다.
　이름하여 '파워 테라피 목등 안마기!'
　음… 이름도 참 화려합니다. 어머님이 사용하시다가 주셔서 그동안 몇 년째 이사할 때 마다 따라다니는 물건입니다.
　그러나 지금껏 한 번도 사용해 본 적이 없습니다.
　'너, 잘 걸렸다. 이리 나와!'
　옷장 안에 숨어 있던 이놈을 끄집어냅니다.
　제법 무겁습니다.
　이 녀석을 들고 나오는데 어깨며 목이 뻐근해져 옵니다.
　바로 그때, 눈에 들어오는 녀석의 명찰 글자 '테 · 라 · 피?'
　'테라피라….'
　그 뭉친 근육을 풀어 준다는 '테라피!'
　저는 청소하다 말고 그 목등 안마기의 전원을 켜봅니다. 신호음과 함께 작동이 잘 됩니다. 어깨와 등을 그 녀석에게 살짝 맡겨봅니다. 갑자기 제 얼굴에 미소가 맴돕니다. 그리고 놀라움을 금치 못합니다.
'이… 이렇게 시원할 수가!'
애물단지인 줄 알았던 이 녀석, 알고 보니 의사 선생님입니다.

> 세상의 모든 일은 다 정한 때와 기한이 있다(전 3:1, 현대인의성경)

기한과 때는 의미가 조금 다릅니다. '기한'은 어떤 상태나 동작이 진행 중에 있는 시간이고, '때'란 나의 의지와 상관없이 임하는 순간적인 시간입니다. 그런데 이것이든 저것이든 간에 다 '정한 때'가 있다고 말씀하십니다.

> 날 때와 죽을 때, 심을 때와 거둘 때, 죽일 때와 치료할 때, 헐 때와 세울 때(전 3:2-3, 현대인의성경)

세상만사에 영원한 흥과 패도 없으며 늘 기쁨과 슬픔만이 있는 것도 아닙니다. 그래서 이렇게 생각해 봅니다.
'참자 인내하자. 반드시 때가 온다. 그리고 무엇이든 극단적으로 생각하지 말자. 잘 된다고 우쭐대지 말고, 안 된다고 낙심하지 말자. 모든 것은 때가 있으니까!'

오늘은 극단적으로 생각하지 말기….

오늘의 묵상 말씀

전도서 3:1-3

1 범사에 기한이 있고 천하 만사가 다 때가 있나니
2 날 때가 있고 죽을 때가 있으며 심을 때가 있고 심은 것을 뽑을 때가 있으며
3 죽일 때가 있고 치료할 때가 있으며 헐 때가 있고 세울 때가 있으며

Ecclesiastes 3:1-3

1 There is a time for everything, and a season for every activity under heaven
2 a time to be born and a time to die, a time to plant and a time to uproot
3 a time to kill and a time to heal, a time to tear down and a time to build,

3. 언제 그리 오셨는지

    가을바람은 어느새 휙 길가에 여름꽃을 가을꽃으로 바꾸어 놓았습니다. 코스모스며, 들국화며, 갈대며, 모두 다 파란 하늘 밑입니다. 오직 가을을 가로막겠다고 섰던 여름 장군 밤송이는 가을바람에 못 이겨 쩍 탐스러운 알밤을 길가에 내려놓고 들판의 영근 벼들은 가을바람에 황금 물결칩니다.
    한여름 하늘 지키던 뭉게구름은 가을 새하얀 양털구름에 자리를 내준지 오래입니다. 가시는 이 언제 그리 가셨는지, 오시는 이 언제 그리 오셨는지 몰랐는데 여름은 그렇게 가고 가을은 늘 그렇게 다가옵니다.
    이 가을 녘에 늘 조속지변인 우리 인생을 바라보며 '한결같음'에 대하여 생각해 봅니다.
    '저 길가에 식물들도 제때를 알고 때에 맞게 꽃을 피우고 열매를 맺는데….'
    계절은 속임이 없습니다.
    이 정직할 때를 조성하시고 시간을 운행하시는 하나님에 대하여 성경은 이렇게 말씀합니다.

> 하나님은 사람이 아니시니 거짓말을 하지 않으시며 인간이 아니시니 후회하지 않으십니다. 어찌 그가 말씀하시고 행하지 않으시며 약속하시고 지키지 않으시겠소?(민 23:19, 현대인의성경)

우리가 삶의 소소한 부분을 다 알 수 없지만, 이것 한 가지는 분명히 압시다. 하나님은 주를 바라보며 나아오는 모든 사람에게 가장 '최선의 것'을 예비하시는 좋으신 하나님이십니다. 이런 주님을 아는 것이 우리가 가져야 할 진정한 '지혜'입니다.

민수기 말씀에서 하나님은 어떤 분이신지 이렇게 말씀하십니다.

> 여호와께서 너를 축복하시고 지키시기 원하노라. 여호와께서 너에게 자비와 은혜 베푸시기를 원하노라. 여호와께서 인자하게 너를 바라보시며 너에게 평안을 주시기 원하노라(민 6:24-26. 현대인의성경).

주님은 그런 분이십니다. 그는 식언치 아니하십니다. 문제는 우리를 향한 주의 얼굴이 아니라 주를 신뢰하지 못하는 우리의 마음입니다.

오늘은 우리 의심하지 말기….

오늘의 묵상 말씀

민수기 23:19

하나님은 인생이 아니시니 식언치 않으시고 인자가 아니시니 후회가 없으시도다 어찌 그 말씀하신 바를 행치 않으시며 하신 말씀을 실행치 않으시랴

Numbers 23:19

God is not a man, that he should lie, nor a son of man, that he should change his mind. Does he speak and then not act? Does he promise and not fulfill?

4. 똥 묻은 나

우리 집에 '베베'라는 강아지 한 마리가 있습니다.

말티즈입니다. 나이는 6살. 참 귀엽고 예쁜 강아지입니다.

그런데 문제가 있습니다. 저와 친하지 않다는 것입니다. 가족들과 함께 집에 돌아오면 제 아들과 딸에게는 사정없이 매달리고 꼬리 치고 뒹굴고 하는데 저를 보면 시큰둥합니다.

제게만 '차별 대우'를 합니다.

속으로 외칩니다.

'나도 노력한단 말이야!

나 좀 좋아해 주면 안 되겠니?'

딸아이는 개집 안에 있는 강아지의 더러운 오줌과 똥을 치우고, 똥 묻은 베베를 욕실로 데리고 갑니다. 그리고 이리저리 씻기고 닦아줍니다. 저는 딸을 물끄러미 바라보다가 알게 됩니다.

'사랑이라는 것은 더러운 것을 닦아주고 치워주는 게 사랑이구나!'

'딸아이의 품속에 있던 베베와 눈이 마주쳤습니다. 베베가 날 바라보는 눈이 이렇게 묻는 것 같습니다.

"'똥 묻은 나'를 사랑하실 수 있겠어요?"

주님은 말씀하십니다.

> 너희가 서로 사랑하면 모든 사람들이 그것을 보고 너희가 내 제자라는 것을 알게 될 것이다(요 13:35, 현대인의성경).

사랑함으로써, 비로소 우리가 그분의 제자 됨이 나타난다는 것입니다. 아무리 내가 예수님의 제자라고 떠들어 봐도 우리가 서로 이해하고, 용서하며, 긍휼히 여기고, 서로 존중하는 모습이 우리 가운데 있지 않으면, 누구도 우리를 주님의 제자로 여기지 않는다는 말입니다. 오히려 세상 사람들의 발에 치이는 조롱거리가 될 뿐….

> 이제 내가 새로운 계명을 너희에게 준다. 서로 사랑하여라. 내가 너희를 사랑한 것처럼 너희도 서로 사랑하여라(요 13:34, 현대인의성경)

이 말씀은 우리의 '사랑의 근거와 원천'은 내가 아닌 '주님으로부터'라는 말씀입니다.
우리의 노력이 아닌, 그래서 사랑이라는 놈, 그것!
내 힘이 아닌 그분이 하시면 못할 것도 없겠다!
감히 용기를 내봅니다.
주님이 영광을 받으시도록, 오늘은 서로 사랑하기….

오늘의 묵상 말씀

요한복음 13:34-35

34 새 계명을 너희에게 주노니 서로 사랑하라 내가 너희를 사랑한 것 같이 너희도 서로 사랑하라
35 너희가 서로 사랑하면 이로써 모든 사람이 너희가 내 제자인 줄 알리라

JOHN 13:34-35

34 A new command I give you: Love one another. As I have loved you, so you must love one another
35 By this all men will know that you are my disciples, if you love one another.

5. 사십 년 지기 친구

"친구야 잘 지냈어? 요새 어떻게 지내?
저번 모임에 못 봤어! 어떻게 된 거야? 지금 어디서 일해?"
질문을 마구 쏟아 놓습니다.
"엉, 나 지금 지방 내려와 있잖아, 멀리!"
또, 질문합니다.
"아, 그랬구나! 그럼 잠은 어떻게 자구? 할 만한 거야?"
친구가 대답합니다.
"여관에서 자… 밥은 사서 먹고….
난 그렇고 우리 목사님은 어떻게 지내는데?"
대답했습니다.
" 음… 나? 나는 요새…."
친구는 내 대답을 찬찬히 다 듣고는 내 말이 떨어지자마자,
"목사님, 내 생각인데 말이야. 이러면 어떨까 싶어…."
이렇게 이런저런 이야기를 쏟아 놓습니다.
"그래, 참 좋은 생각이야!
내가 그런 생각은 미쳐 못했네….
알았어, 내가 한번 그렇게 해 볼게!

고마워, 친구야!
그런데 나 지금 전화 끊어야 할 것 같아. 누가 교회에 찾아 왔나봐.
늘 건강하시고 내가 늘 기도할게!
항상 잘 지니시고 들어가, 또 전화할게!"
친구가 대답합니다.
"그래, 나중에 또 전화하자!"
전화는 끊었지만, 친구의 목소리를 끝으로 사라지지 않는 친구의 잔상이 눈에 선합니다. 마음이 따뜻해 옵니다.
그리고 비록 멀리 떨어져 있지만, 마음만 먹고 당기면 당겨올 듯한 바로 저쪽이 친구가 있음을 느껴봅니다.

> 수고하고 무거운 짐 진 사람들아, 다 나에게 오너라. 내가 너희를 쉬게 하겠다. 나는 마음이 온유하고 겸손하다. 내 멍에를 메고 내게 배워라. 그러면 너희 영혼이 쉼을 얻을 것이다(마 11:28, 현대인의성경).

'음, 멍에를 메라구?'
'멍에는 가축의 어깨 위에 짐을 싣고자 올려놓는 막대가 아닌가? 메면 오히려 가벼워지고 쉼을 얻는 그런 멍에란 도대체 뭐지?'
이때 주님의 어깨 위에 놓인 '십자가'가 떠오릅니다.
주님의 십자가는 나의 모든 짐과 허물을 대신 짊어지신 주님의 멍에입니다. 이 멍에는 그리스도의 승리이며 하나님의 능력이 되십니다.

십자가를 지면 죽을 것 같고, 십자가를 버려야 살 것 같은 우리에게 그 십자가의 멍에를 멜 때 진정한 쉼이 있음을 배우라 말씀하십니다.
　주님은 우리에게 멍에를 함께 메는 친구가 되자고 하십니다.
　친구란 서로 멍에를 함께 멥니다.
　친구란 서로의 멍에를 부끄러워하지 않습니다.
　'친구'이니까요!
　주님은 기꺼이 우리의 멍에를 함께 메시는 친구이십니다.
　세상엔 즐거움을 함께 나누고자 하는 자들로 가득하지만, 멍에를 함께 메고자 하는 친구가 참 적습니다.
　　오늘은 주님과 멍에를 함께 매기….

오늘의 묵상 말씀

마태복음 11:23-29

28 수고하고 무거운 짐 진 자들아 다 내게로 오라 내가 너희를 쉬게 하리라
29 나는 마음이 온유하고 겸손하니 나의 멍에를 메고 내게 배우라 그리하면 너희 마음이 쉼을 얻으리니

Matthew 11:28-29

28 Come to me, all you who are weary and burdened, and I will give you rest
29 Take my yoke upon you and learn from me, for I am gentle and humble in heart, and you will find rest for your souls.

6. 깊은 산속 옹달샘

새벽이면 여지없이 '옹달샘' 알람이 날 깨워줍니다. 남자 목소리와 여자 목소리가 번갈아 가며 깊은 잠에 빠져 있는 나의 영혼을 마구 흔들어 깨웁니다. 막 악을 쓰고 부르짖고 일어나라고 고함치며 고막을 찢습니다. 노래 가사도 아주 자극적입니다.

> 깊은 잠에 빠져서 전화벨도 못 듣니
> 아침 일찍 일어나 물이라도 마셔라
> 새벽에 일어나
> 제발 좀 일어나
> 깊은 잠에 빠져서 전화벨도 못 듣니

성경에 우리 영혼을 흔들어 깨우는 말씀이 있습니다.

> 모든 것이 합력하여 선을 이루느니라(롬 8:28b).

우리의 영혼을 흔들어 깨우십니다. 악한 영과의 영적 싸움에 이리 터지고 저리 얻어맞아 정신 줄이 나가 '그로기'(groggy) 상태에 있는 우리를 흔들어 깨우시며 이렇게 말씀하십니다.

> 지금 환난과 고난을 당하나 강하고 담대하라!
> 내가 너와 함께하느니라!
> 하나님을 사랑하는 자 곧 그의 뜻대로 부르심을 입은 자들아!
> 지금 네가 고난을 당하느냐?
> 주를 바라보며 나아가는 너희들에게 결국 이 고난은 모든 것이 합력하여 선을 이루는 도구가 될 것이다!

정신이 번쩍 납니다.
하나님을 사랑하고 그의 뜻을 구하며 살아가는 여러분!
힘내세요!
이글어지고 삐뚤어진 세상에서 살면서 때론 어려운 일 가운데 있기도 하고, 때론 답답한 일도 당하겠죠!
때론 말도 안 되는 시험 가운데 있기도 하고, 때론 눈물 흘리는 아픔이 있기도 하겠죠!
하지만, 성경은 이렇게 말씀하십니다.

> 하나님을 사랑하고 그분의 계획대로 부르심을 받은 사람들에게는 결국 모든 일이 유익하게 된다는 것을 우리는 알고 있습니다(롬 8:28, 현대인의성경)

오늘은 내 영혼 흔들어 깨우기….

오늘의 묵상 말씀

로마서 8:28

우리가 알거니와 하나님을 사랑하는 자 곧 그의 뜻대로 부르심을 입은 자들에게는 모든 것이 합력하여 선을 이루느니라

Romans 8:28

And we know that in all things God works for the good of those who love him, who have been called according to his purpose.

7. 가방 들어주기

어릴 적 학교 가는 길에서 '가방 들어주기' 놀이를 했던 기억이 납니다.

제가 어릴 적 학교 가는 길은 제법 멀었습니다.

어린 시절 옛 학교가 대부분 그러하듯이 작은 개울도 넘고 산도 넘고 마을도 하나 지나면 학교입니다.

지루하기도 하고 힘들기도 한 등하굣길.

그래서 '가위, 바위, 보'로 친구들과 가방 들어주기를 합니다.

운 좋게 연일 '가위, 바위, 보'에 이겨 가방이라도 친구에게 맡기고 걸어가노라면 발걸음이 가벼워 날아갈 것 같고 콧노래가 절로 납니다. 누군가가 내 짐을 져 준다는 것은 참으로 즐겁고 기쁜 일입니다.

> 그러므로 우리가 하나님을 사랑한 것이 아니라 하나님께서 우리를 사랑하셔서 자기 아들을 보내 우리를 죄에서 구원하는 제물로 삼아 주셨습니다(요일 4 : 10, 현대인의성경).

하나님이 그 아들 예수 그리스도께 우리 죄로 인한 무거운 형벌의 짐을 대신 지게 하셨습니다.

그 짐은 너무 무거워 가시면류관을 쓰시고, 침 뱉음을 당하시고, 살이 찢기셨고, 끝내 못에 박히시고, 십자가에 매달리셨습니다. 사실은 우리가 져야 할 '짐'을 그가 대신 지신 결과입니다.

그렇게 하신 것은 우리가 하나님을 사랑했기 때문이 아니라 하나님이 먼저 우리를 사랑하셨기 때문입니다.

'조건 없는 사랑'입니다.

'가위 바위 보'에 졌기 때문에 지는 '의무'가 아니라 사랑하기에 그의 짐을 대신 져 주는 그런 '사랑'을 하고 싶습니다.

그분이 날 사랑하신 것처럼….

오늘은 먼저 사랑하기….

오늘의 묵상 말씀

요한일서 4:10

사랑은 여기 있으니 우리가 하나님을 사랑한 것이 아니요 하나님이 우리를 사랑하사 우리 죄를 속하기 위하여 화목 제물로 그 아들을 보내셨음이라

I JOHN 4:10

This is love: not that we loved God, but that he loved us and sent his Son as an atoning sacrifice for our sins.

8. 강심수정

병원 심방 중에 환우들을 대하다 보면 늘 느끼는 것이 있습니다.

두 발로 걸을 수 있다는 것,
먹고 싶은 것 먹고 소화할 수 있다는 것,
남의 도움 없이 편하게 대소변을 볼 수 있다는 것,
남의 말을 들을 수 있다는 것,
두 눈으로 볼 수 있다는 것,
마음 놓고 숨쉴 수 있다는 것,
마음 놓고 잠잘 수 있다는 것,
마음 놓고 고민할 수 있는 '정신 줄'이 아직 남아 있다는 것,
그리고 내일이 아직 나에게 남아 있다는 것도….
그저 가만히 생각하면 모두 다 감사한 일뿐입니다.

사자성어 가운데 '강심수정'(江深水靜)이라는 말이 있습니다. 강이 깊으면 물이 고요하다는 말입니다. 반대의 의미로 '얕은 물은 아주 작은 바람에도 요동친다'라는 말이겠죠.

깊은 물은 견고함, 대범함, 자유함, 평안함을 예표하는 대상입니

다. 세파에도 흔들리지 않는 깊은 물이 되기 위해서는 기초가 튼튼해야 합니다. 이것이 바로 우리의 '마음의 기초'입니다.

> 이는 너희를 어두운 데서 불러 내어 그의 기이한 빛에 들어가게 하신 이의 아름다운 덕을 선포하게 하려 하심이라-(벧전 2:9b).

이 고백이 우리 '마음의 닻'입니다.
우리는 그의 부르신 자들입니다. 그리고 우리는 그의 영광 가운데 있습니다. 이것은 그 누구도 빼앗을 수 없는 하나님의 은혜입니다. 그분이 이렇게 또한 말씀하십니다.

> 얼마 동안 여러분이 고난을 겪고 나면 그리스도 안에서 여러분을 불러 영원한 영광을 함께 누리게 하신 모든 은혜의 하나님이 여러분을 친히 완전하게 하시고 굳세게 하시고 강하게 하시며 튼튼하게(견고하게) 세워 주실 것입니다(벧전 5:10, 현대인의성경).

주님의 약속이십니다!
견고하면 '고난'도 감사할 수 있습니다. 우리의 견고함은 '강함'이 아니라 '깊음'에 있습니다.
오늘은 강심수정으로 감사하기….

오늘의 묵상 말씀

베드로전서 5:10

모든 은혜의 하나님 곧 그리스도 안에서 너희를 부르사 자기의 영원한 영광에 들어가게 하신 이가 잠깐 고난을 당한 너희를 친히 온전하게 하시며 굳건하게 하시며 강하게 하시며 터를 견고하게 하시리라

I PETER 5:10

And the God of all grace, who called you to his eternal glory in Christ, after you have suffered a little while, will himself restore you and make you strong, firm and steadfast.

9. 아버지는 구두닦이

아들이 고등학교 기숙사에서 생활합니다. 지난주에는 빨랫감을 많이 가져왔습니다. 주일 날 학교로 다시 복귀하면서 미쳐 세탁이 안 된 바지며 와이셔츠를 세탁해서 가져와 달라 합니다.

'오늘은 우리 아들 옷이나 다려볼까?'

와이셔츠며 옷을 스팀다리미로 다려봅니다. 제법 잘 다려집니다. 다려진 이 옷을 입고 기분 좋아할 아들을 생각하니 즐거워졌습니다.

문득, 아버지가 생각났습니다.

학교 가기 전에 늘 구두를 닦아 놓으셨던 아버지!

'아버지도 내 구두를 닦아주시면서 이런 기분이셨겠구나!'

이렇게 생각하니 가슴이 먹먹해집니다.

> 그러므로 제단에 예물을 드리다가 형제에게 원망들을 만한 일이 생각나거든 예물을 제단 앞에 두고 먼저 가서 네 형제와 화해하라. 그리고 와서 예물을 드려라(마 5:23-24, 현대인의성경).

예물을 드림은 '예배'를 의미합니다. 그러므로 이 말씀은 예배를 드리기 전 불편한 관계 가운데 있는 모든 이와 먼저 '화목'을 이루고 나서 '예배'를 드리라는 말씀입니다. 주님은 예배를 가장 기뻐하시지만, 그 예배조차도 '화목'이 '우선'되어 있지 아니하면 기뻐 받으시지 아니하신다는 말씀입니다.

예배의 시작이 '화목'이고 예배의 끝이 '화목'인 셈입니다.

손에 피를 묻히고 드리는 예배를 주님이 기뻐하시겠습니까?

내가 먼저 화목해야 할 대상이 누구일까 생각해 봅니다.

나의 부모, 아내, 자녀, 형제를 바라봅니다. 가장 가까운 곳에 있지만 '배려'하고 '용납'하고 '인정'해 주지 못했음을 고백하게 됩니다.

오늘은 아버지와 오전에 할머니 산소에 갔다 오려 합니다.

아버지께서 말씀하십니다.

"추석이 다가오니 어머니가 생각나신다고…."

아버지 구두를 바라보자니 죄송한 마음이 듭니다.

오늘은 화목하기….

오늘의 묵상 말씀

마태복음 5:23-24

23 그러므로 예물을 제단에 드리려다가 거기서 네 형제에게 원망들을 만한 일이 있는 것이 생각나거든
24 예물을 제단 앞에 두고 먼저 가서 형제와 화목하고 그 후에 와서 예물을 드리라

MATTHEW 5:23-24

23 Therefore, if you are offering your gift at the altar and there remember that your brother has something against you,
24 leave your gift there in front of the altar. First go and be reconciled to your brother; then come and offer your gift.

10. 화장실 곰팡이

　가끔 화장실 청소를 합니다. 브러시를 들고 화장실 이곳저곳을 닦아 봅니다.
　'여기는 지난번에도 곰팡이가 생겨서 닦느라고 고생했었는데….'
　유심히 '곰팡이'가 핀 곳을 살펴봅니다.
　'왜 이곳에 자꾸 곰팡이가 생기지?'
　살펴보니 그 곳에는 '흠집'이 있었습니다.
　날카로운 것으로 흠집이 난 '상처 같은 것!'
　우리는 모두 다 '상처'를 가슴에 안고 살아갑니다. 때론, 우리의 상처가 '무기'가 되기도 합니다.
　"나는 이렇게 큰 상처가 있는 사람이라고!
　그래서 나는 이럴 수밖에 없는 사람이라고!"
　이 주장은 '자기 합리화의 함정'입니다.
　이 잘못된 명분은 다른 이에게 더 큰 상처를 입힐 수 있습니다. '교활한 명분'은 흠집이 난 곳에 곰팡이가 피듯, 우리의 상처에 다시는 뽑을 수 없는 '쓴 뿌리'가 생기게 합니다.
　상처가 치유되지 않는 이유는 상처 때문이 아니라 교활한 명분 가운데 굳어진 '잘못된 태도' 때문입니다.

성경에서 말씀하십니다.

> 여러분 가운데 하나님의 은혜를 받지 못하는 사람이 아무도 없도록 잘 살피십시오. 그리고 쓴 뿌리와 같은 사람들이 생겨 많은 사람을 괴롭히거나 더럽히지 못하게 하십시오(히 12:15, 현대인의성경).

자신의 쓴 뿌리로 인해 다른 사람들에게 '악'을 행하지 않도록 '경계'하라는 말씀입니다.

그러면 이 쓴 뿌리가 상처에 나지 않도록 예방하는 길은 무엇일까요?

하나님은 은혜의 강가에 나아가 너희 마음을 씻으라고 말씀하십니다. 끊임없이 은혜의 강가에 나아가 죄와 허물을 씻는 자에게는 쓴 뿌리가 일어날 틈이 없습니다. 그러나 은혜의 강 앞에서 아무나 허물을 씻는 것은 아닙니다. 자신의 죄에 대하여 '솔직한 사람'만이 자신의 몸을 씻습니다.

상처 때문에 무례해지고 난폭해지는 것이 아니라 이 상처로 인해 더 은혜롭고 성숙해졌으면 좋겠습니다. 자신에 대하여 솔직해지면 자유하게 됩니다. 그래서 이런 고백되었으면 좋겠습니다.

> 주의 벌을 받아 내가 고난을 당한 것이 나에게 유익이 되었으니 내가 이것 때문에 주의 법을 배우게 되었습니다(시 119:71, 현대인의성경).

오늘은 곰팡이 제거하기….

오늘의 묵상 말씀

히브리서 12:15

너희는 하나님의 은혜에 이르지 못하는 자가 없도록 하고 또 쓴 뿌리가 나서 괴롭게 하여 많은 사람이 이로 말미암아 더럽게 되지 않게 하며

Hebrews 12:15

See to it that no one misses the grace of God and that no bitter root grows up to cause trouble and defile many.

11. 복면가왕

텔레비전을 보다 보면, 입으로 가던 숟가락도 멈추게 하는 프로그램이 있습니다.
그것은 이름하여 '복면가왕!'
복면을 쓰고 경력도 배경도 비주얼도 아닌, 오직 노래 실력으로 한 사람이 남을 때까지 막장 대결을 펼칩니다.
복면은 묘한 힘이 있습니다.

첫째, 복면은 출연자가 무대의 두려움에서 벗어나게 하는 힘을 가집니다.
둘째, 복면은 판정단과 시청자들이 편견 없이 오직 가창력과 무대 매너에 집중하며 음악을 즐기고 평가할 수 있게 합니다.

관중과 평가단, 그리고 시청자들은 모두 이 무대에 하나가 되어 탄성을 지르고 때론 눈물을 흘리기도 합니다. 우리는 모두 다 행복하기를 원합니다. 혼자서는 행복할 수 없습니다.
행복은 마음을 나누고 삶을 나눌 수 있는 사람과 함께 있을 때 가질 수 있는 감정이기 때문입니다. 그런데 마음을 함께 나눌 수 있는 사람은 찾기 힘듭니다.

> 기뻐하는 사람들과 함께 기뻐하고 슬퍼하는 사람들과 함께 슬퍼하십시오(롬 12:15, 현대인의성경).

우리는 힘들 때 기쁨과 눈물을 함께 나눌 수 있는 사람을 기대하지만, 곁에 사람이 많아도 나누기가 쉽지 않습니다. 우리 스스로가 쌓아 올린 높은 장벽 때문입니다.

이 장벽은 다름 아닌 '편견'입니다.

긴 시간, 또는 순식간에 쌓아 올린 이 견고한 장벽을 허물지 않는 한, 그 누구와 아무것도 함께 나눌 수 없습니다.

'편견의 두께는 함께한 시간에 비례합니다.'

가까울수록 반목과 오해가 큰 이유입니다.

살아오면서 가족, 친구, 이웃에 대하여 견고하게 굳어진 편견을 버리고 그의 기쁨과 눈물을 함께 나눌 수 있다면, 복면가왕이 대박 난 것처럼 오늘 대박이 나지 않을까요?

오늘은 편견 없이 바라보기….

오늘의 묵상 말씀

로마서 12:15

즐거워하는 자들과 함께 즐거워하고 우는 자들과 함께 울라

Romans 12:15

Rejoice with those who rejoice; mourn with those who mourn.

12. 고구마와 헌책방

아침과 저녁으로 제법 쌀쌀해집니다. 찬바람이 불면 옛 추억이 솔솔 피어오릅니다.

"어른에게 인사를 잘하네!"

이렇게 말씀하시며 군고구마를 사러 갈 때면 작은 것 하나라도 덤으로 하나씩 더 넣어 주시던 동네 가게 아저씨가 생각나고, 헌책방에 참고서를 사러 갈 때면 열심히 공부하라고 만지작거렸던 헌책을 슬쩍 한 권을 더 가방에 넣어 주시던 주인 아주머니가 생각납니다.

찬바람이 불면 군고구마 아저씨가 떠오르는 것은 이해가 되지만, 그 헌책방 아주머니는 왜 떠오르는 것일까요?

아마도 군고구마와 헌책 속에 담긴 따뜻함 때문일 겁니다.

아무튼, 모두 다 그립습니다.

향수에 젖어 있다가 '지금은 살아 계실까?' 하는 생각에 마음이 싸해집니다. 사람 사이에 따뜻한 정은 잃지도 잊지도 말고 살아야 하겠습니다.

저의 그리움이 그 작은 군고구마와 낡은 책 한 권 때문이겠습니까? 모두가 어려웠던 시절 고구마 하나를 챙겨주시던 아저씨의 따뜻한 정이, 그리고 가방에 책 한 권 더 넣어 주시던 아주머니의 따뜻한 마음이 그리운 것 아닙니까?

> 그러나 하늘에서 온 지혜는 첫째 순결하고 다음에는 평화를 사랑하고 너그럽고 양순하고 자비와 선한 열매가 가득하고 편견과 위선이 없습니다(약 3:17, 현대인의성경).

먼저 '성결'하고, 그다음에 '열매'를 맺으라고 하십니다. 하나님은 깨끗한 그릇에 열매를 담아 주십니다. 준비되어 있지 않은 더러운 그릇에 주님은 절대로 복을 내려 주지 않으십니다.

사람이 깨끗함을 잊고 얻은 열매로 행복할 수 있겠습니까?

오늘 말씀은 '우선순위'를 강조하십니다. 돌아보고 성결하면 예비된 그릇에 선한 열매를 주시겠다고 말씀하십니다.

우리 이웃과 나누는 마음과 정을 사랑이라 말할 수 있습니다.

사랑은 '순수한 마음 청결한 마음'에서부터 시작됩니다.

탐욕과 이기심과 죄가 가득한 곳에 어떻게 정이 함께 있을 수 있을까요!

사랑의 근원은 순수입니다.

오늘은 먼저 내 영혼의 그릇 닦기⋯.

오늘의 묵상 말씀

야고보서 3:17

오직 위로부터 난 지혜는 첫째 성결하고 다음에 화평하고 관용하고 양순하며 긍휼과 선한 열매가 가득하고 편견과 거짓이 없나니

James 3:17

But the wisdom that comes from heaven is first of all pure; then peace-loving, considerate, submissive, full of mercy and good fruit, impartial and sincere.

13. 가시나무새

'시인과 촌장'의 노래 중 '가시나무'라는 노래가 있습니다.

내 속엔 내가 너무도 많아 당신의 쉴 곳 없네
내 속엔 헛된 바램들로 당신의 편할 곳 없네
내 속엔 내가 어쩔 수 없는 어둠 당신의 쉴 자리를 뺏고
내 속엔 내가 이길 수 없는 슬픔 무성한 가시나무 숲 같네.

바람만 불면 그 메마른 가지 서로 부다끼며 울어대고
쉴 곳을 찾아 지쳐 날아온 어린 새들도 가시에 찔려 날아가고
바람만 불면 외롭고 또 괴로워 슬픈 노래를 부르던 날이 많았는데

내 속엔 내가 너무도 많아서 당신의 쉴 곳 없네.

내 속에 헛된 바램, 어쩔 수 없는 어둠, 내가 이길 수 없는 슬픔이 너무 많아 쉴 곳을 찾아 지쳐 날아온 새, 이 가시에 찔려 날아가고 가시 많은 내 앞엔 당신이 쉴 곳이 없다고 노래합니다.

내 곁에 머물러야 할 이가 내 안에 자란 나의 '가시'로 인하여 문 밖에서 울고 있는 모습이 떠오릅니다.

> 서로 친절하게 대하고 불쌍히 여기며 하나님이 그리스도 안에서 여러분을 용서하신 것같이 서로 용서하십시오(엡 4:32, 현대인의성경).

용서함은 내 안에 자라난 모든 가시를 꽃으로 피어나게 합니다. 먼저 나를 용서하고, 그를 용서하고, 모두를 용서하는 것입니다. 그분이 나와, 그와, 우리 모두의 가시를 용서하셨기 때문입니다.

하나님이 그리스도 안에서 우리를 용서함 같이 말입니다. 우리의 용서는 '교만'이나 '우월함'이나 나의 '의로움'에서 시작되는 것이 아니라 우리를 위해 기꺼이 다가와 그 가시에 찔리신 '그리스도의 피'에서부터 시작됩니다.

오늘은 나의 가시에 찔려 날아가던 새를 다시 불러 가슴에 품고 싶습니다. 제 안에 있던 가시가 꽃이 되고, 그 꽃이 떨어진 자국마다 아름다운 열매를 맺는 것을 새들은 보게 될 겁니다. 그리고 마침내 내게 찾아온 그들에게 그 열매를 나누어주고 싶습니다.

오늘은 서로 용서하기….

오늘의 묵상 말씀

에베소서 4:32

서로 친절하게 하며 불쌍히 여기며 서로 용서하기를 하나님이 그리스도 안에서 너희를 용서하심과 같이 하라

Ephesians 4:32

Be kind and compassionate to one another, forgiving each other, just as in Christ God forgave you.

14. 적응통

얼마 전 한 2년 정도 타고 다니던 차를 팔고 새차를 샀습니다. 외관도 훌륭하고, 엔진 소리도 좋고, 내부도 넓어서 가격 대비 너무 만족스러웠습니다. 그런데 한 이틀 새차를 운전하고 난 뒤 온몸이 아파왔습니다.

어깨며, 무릎이며, 허리며, 온몸이 아팠습니다.

'왜 이렇게 몸이 아프지?

차도 훌륭하고 나무랄 곳이 없는데….'

그렇게 시간이 지나갔습니다.

그리고 일주일 뒤에 뒤늦게 알게 되었습니다. 차만 타면 아팠던 몸이 언제 아팠냐는 듯이 편안하기만 합니다. 그리고 아팠던 증상은 모두 사라졌습니다. 그때 저는 왜 내 몸이 그렇게 아팠는지 알게 되었습니다.

'적응통'입니다!

이전 차에 익숙했던 내 몸이 새차에 적응하느라 아팠던 것입니다. 편안함은 익숙함에서 시작되고 이 익숙함에는 반드시 일정 기간 '적응통'이 따릅니다.

성경에서는 영원한 '영광'을 위해 잠깐 '고난'이 따름을 지적하십니다.

> 얼마 동안 여러분이 고난을 겪고 나면 그리스도 안에서 여러분을 불러 영원한 영광을 함께 누리게 하신 모든 은혜의 하나님이 여러분을 친히 완전하게 하시고 굳세게 하시고 강하게 하시며 튼튼하게 세워 주실 것입니다(벧전 5:10, 현대인의성경).

세상의 자녀로 세상에 익숙했던 우리가 하나님의 백성으로 적응하며 살아간다면, 반드시 고난이 따르겠죠?

하지만, 이것은 곧 지나갑니다.

그리고 우리는 그의 나라에 온전한 하나님의 백성으로 거듭나겠죠?

오늘은 익숙해질 때까지 참고 견디기….

오늘의 묵상 말씀

베드로전서 5:10

모든 은혜의 하나님 곧 그리스도 안에서 너희를 부르사 자기의 영원한 영광에 들어가게 하신 이가 잠깐 고난을 당한 너희를 친히 온전하게 하시며 굳건하게 하시며 강하게 하시며 터를 견고하게 하시리라

1 Peter 5:10

And the God of all grace, who called you to his eternal glory in Christ, after you have suffered a little while, will himself restore you and make you strong, firm and steadfast.

15. 사도세자

　자녀들과 함께 보았던 '사도'라는 영화가 있습니다. 영조가 아들인 사도세자를 뒤주에 가두어 죽인 사건을 다룬 영화입니다. 영화를 보고 한 가지 의문을 갖게 됩니다.
　아들을 그토록 아꼈던 영조가 왜 자신의 아들인 사도세자를 그렇게 무자비하게 죽여야 했을까?
　많은 시각이 있습니다. 노론과 소론의 당쟁으로 인한 '희생설,' 세자의 정신적인 문제를 지적한 '광증설,' 그리고 세자의 '역모설' 등입니다. 많은 의견이 있지만, 역모설이 가장 신빙성이 있어 보입니다.
　영조는 충분히 정권을 장악하고 있었기 때문에 아들이 미쳤다는 이유 하나로 세자를 그토록 잔인하게 죽이기까지 할 명분은 되지 못해 보입니다. 그래서 희생설과 광증설보다 세자의 '역모설'이 가장 유력해 보입니다.
　하지만, 이것도 생각해 보면 씁쓸함을 감출 수 없습니다.
　'결국, 그의 권력도 아들에게 물려 줄 권력이 아니었던가?'
　영화를 보면서 기억에 남는 인상적인 장면이 있습니다. 아비를 향해 분노의 칼을 든 세자가 영조에게 "내가 바란 것은 단지 아버지의 따뜻한 눈길 한번, 다정한 말 한마디였소!"라고 말하는 장면입니다.

세대 간의 갈등, 부부간의 갈등, 부모와 자식 간의 갈등뿐이겠습니까?

나라와 나라, 민족과 민족과의 갈등 역시 그 이유는 '소통의 부재'에 있습니다. 원활한 소통을 원하신다면 한 가지 꼭 기억할 것이 있습니다. 소통이란 말의 기술에 있는 것이 아니라 마음에 있습니다.

> 자비의 아버지시며 모든 위로의 하나님이신 우리 주 예수 그리스도의 아버지 하나님을 찬양합니다. 그분은 온갖 고난을 겪는 우리를 위로해 주십니다. 그래서 우리가 하나님에게 받는 위로로 고난당하는 사람들을 위로할 수 있게 하십니다(고후 1:3-4, 현대인의성경).

'내가 너에게 위로자가 된 것처럼 너희도 서로에게 위로자가 되어 주라'는 것입니다.

사도세자가 "난 단지 당신의 따뜻한 눈길 한 번, 다정한 말 한마디를 원했습니다"라고 아비에게 부르짖었던 것처럼 우리 가운데 분노의 칼을 들고 어쩔 줄 몰라 하는 이 아픈 세대가 그렇게 외치고 있을지도 모릅니다.

"난 당신의 따뜻한 관심과 위로와 사랑을 원합니다."

막힌 소통이 얼마나 치명적인 결과를 가져올 수 있는지를 보면서….

위로와 사랑의 말로 소통하기….

오늘의 묵상 말씀

고린도후서 1:3-4

3 찬송하리로다 그는 우리 주 예수 그리스도의 하나님이시요 자비의 아버지시요 모든 위로의 하나님이시며
4 우리의 모든 환난 중에서 우리를 위로하사 우리로 하여금 하나님께 받는 위로로써 모든 환난 중에 있는 자들을 능히 위로하게 하시는 이시로다

2 Corinthians 1:3-4

3 Praise be to the God and Father of our Lord Jesus Christ, the Father of compassion and the God of all comfort,
4 who comforts us in all our troubles, so that we can comfort those in any trouble with the comfort we ourselves have received from God.

16. 생각, 감정, 의지

　우리가 삶을 살아갈 때에 마음과 생각이 일치하지 않음을 보게 됩니다. 또한, 생각으로는 의지와 각오를 다져보지만, 그 바른 생각을 실천하기는 여간 쉽지 않습니다.
　때로는 고통스럽기까지 합니다.
　왜 그럴까요?
　사람이 삶을 결정하는 세 가지 요소가 있습니다.
　'생각'과 '감정,' 그리고 '의지'입니다.
　생각은 마치 배의 키와 같아서 나아갈 방향을 잡아 주고, 감정은 배의 엔진과 같아서 거친 바다를 향해 힘차게 나아가게 하며, 의지는 배 위에 많은 짐을 싣도록 합니다.
　생각은 있는데 이것이 실행으로 옮겨지지 않는 것은 방향은 잡았는데 이것을 실행할 만한 엔진이 꺼져 있는 것입니다.
　이 꺼진 엔진은 '상한 마음' 때문입니다.
　'상한 마음'으로는 아무것도 할 수 없습니다. 그래서 마음을 치유하는 것이 무엇보다 중요합니다.

어떻게 하면 멍들고 찢긴 이 '상한 마음'이 치유될까요?

> 나의 믿음의 자녀들이여, 여러분이 죄를 짓지 않게 하려고 나는 이 편지를 씁니다. 그러나 만일 누가 죄를 짓더라도 아버지 앞에서 우리를 변호해 주시는 의로우신 예수 그리스도가 계십니다. 그분은 우리 죄를 위해 화해의 제물이 되셨습니다. 우리 죄만 아니라 온 세상의 죄를 위해 그렇게 되신 것입니다(요일 2:1-2, 현대인의성경).

예수님은 당신의 백성들뿐 아니라 자신을 조롱하며 십자가에 못 박은 그들까지도 용서해 주셨습니다. 주님은 세상 모든 죄인을 위해서도 화목 제물이 되셨음을 강조하시면서 미움과 정죄함에서 떠나 너희가 서로 용서함으로 죄악 가운데서 떠나라고 말씀하십니다.

그러나 누군가에게 받은 상처가 크다면 용서는 쉽지 않습니다. 그래서 주님를 '의지'해야 합니다. 용서는 내 힘이 아닌, 그분을 의지함으로 상한 감정에서 벗어날 수 있는 '축복'과도 같은 것입니다.

용서는 날개를 달고 자유롭게 하늘을 나는 '비상'입니다. 용서는 자신에게뿐만 아니라 당신에게 용서를 구하는 이들에게도 '날개'를 달아주는, 사람이 할 수 있는 '최고의 선' 입니다.

오늘은 용서함으로 내 마음의 상처를 치유하기….

오늘의 묵상 말씀

요한일서 2:1-2

1 나의 자녀들아 내가 이것을 너희에게 씀은 너희로 죄를 범하지 않게 하려 함이라 만일 누가 죄를 범하여도 아버지 앞에서 우리에게 대언자가 있으니 곧 의로우신 예수 그리스도시라
2 그는 우리 죄를 위한 화목 제물이니 우리만 위할 뿐 아니요 온 세상의 죄를 위하심이라

1 John 2:1-2

1 My dear children, I write this to you so that you will not sin. But if anybody does sin, we have one who speaks to the Father in our defense-Jesus Christ, the Righteous One.
2 He is the atoning sacrifice for our sins, and not only for ours but also for the sins of the whole world.

17. 굵은 왕소금

　무심코 아파트 공동 현관문을 들어서는 순간 신발 밑으로 '바지직' 요란한 마찰음과 함께 왕모래 부서지는 느낌이 느껴집니다.
　현관 이곳저곳에 누군가 굵은 왕소금을 뿌려 놓았습니다.
　'아니, 어떤 불청객이 왔다 갔다고 이렇게 아파트 공동 현관문 앞까지 소금을 뿌려 댄 거야?'
　아침부터 소금 밟은 기분이 영 그렇습니다. 하지만, 소금을 바라보니 묘하게도 옛 친구 모습이 떠올라 반갑기도 했습니다. 어릴 적 친구 집에 놀러 갈 때면 그 친구 집 대문 앞에도 정말 왕소금 많이 뿌려져 있었는데, 그 친구는 지금 잘 지내고 있는지, 잠시 옛 동무를 그리며 향수에 젖어 듭니다.
　그리고 잠시 뒤 저는 뿌려 놓은 소금을 피해 조심조심 까치발을 하고서 현관문 안으로 들어섰습니다.
　'이런, 소금을 피해 문 안으로 들어가기가 여간 쉽지 않군!'
　주님은 우리의 죄를 용서하시고 우리의 '죄과'를 우리에게서 멀리 옮겨 주셨습니다.

> 동이 서에서 먼 것 같이 그가 우리 죄를 멀리 옮기셨으며(시 103:12, 현대인의성경).

'죄과'란 영어성경 NIV(New International Version)에 보면 "트랜스그레션스"(transgressions)라는 단어로 쓰여 있습니다. '트랜스'(trans)는 '뛰어넘다,' '초월하다'의 의미이고 '그레스'(gress)란 '가고 있다'라는 의미가 있습니다.

넘지 말아야 할 것을 넘은 모든 행위와 그로 인한 모든 죄의 결과가 죄과입니다. 오늘 "동이 서에서 먼 것 같이"란 말씀은 우리의 모든 범죄함에 대한 주님의 '완전한 용서와 구속'을 의미합니다.

하나님은 우리에게 너무나 후하십니다. 사실 우리는 우리의 범죄함으로 왕소금에 맞아 묻혀 죽어도 시원치 않지만, 주님은 십자가에서 핀 꽃, 그 꽃잎을 우리 앞길 위에 뿌려 주시며 오늘도 후히 대접해 주십니다.

사랑하면 후합니다. 후하지 않은 사랑은 사랑이 아니라 자신을 위한 탐욕입니다. 탐욕은 깨져야 할 '자기애'입니다.

오늘은 사랑하는 이에게 후하게 대접하기….

오늘의 묵상 말씀

시편 103:12

동이 서에서 먼 것 같이 우리의 죄과를 우리에게서 멀리 옮기셨으며

Psa ms 103:12

as far as the east is from the west, so far has he removed our transgressions from us.

18. 삼백 년 간다

　우리 동네는 자전거 길이 참 아름답습니다.
　노랗게 물든 은행나무 길을 조금 달리다 보면 파란 하늘 밑, 황금빛으로 파도치는 논길에 다다릅니다. 그리고 이 길을 열심히 달리다 보면 어느새 정겨운 시골 전원 마을입니다.
　속도를 늦춥니다. 시골 길가에 심어 놓은 밤나무 밑엔 탐스러운 알밤이 이곳저곳 길가에 굴러다니고 예쁜 새색시 고운 수숫대는 길에 나란히 서서 어서 오라며 다소곳이 인사합니다.
　아쉬운 마음으로 이 시골 마을을 지나 작은 다리에 이르러 저는 멈춰 섭니다.
　'그래 이쯤에서 잠깐 쉬어가야지!'
　그곳에서 자전거를 세우고 땀을 식히고 있는데, 길옆 나무 사이로 현수막 하나가 눈에 들어옵니다.
　"내가 버린 쓰레기 삼백 년 간다!"
　갑자기 정신이 확 깨어옵니다. 그리고 혼자서 중얼거려 봅니다
　'그래 맞아 안 썩는 캔이나 비닐봉지 같은 것이 썩으려면 진짜 삼백 년은 가겠지?'

> 하나님의 말씀은 살아 있고 활동력이 있어서 양쪽에 날이 선 그 어떤 칼보다도 더 날카롭습니다. 그래서 혼과 영과 관절과 골수를 쪼개고 사람의 마음속에 품은 생각과 뜻을 알아냅니다(히 4:12, 현대인의성경).

하나님의 말씀은 살아 있어 영원하십니다. 하나님의 형상을 따라 지음 받은 인생이 하나님을 꼭 빼닮은 것이 하나 있습니다.

그것은 '말'입니다.

하나님의 말씀이 영원하듯 우리의 말도 영원합니다.

그래서 우리 인생에 무심코 내뱉은 말은 다시 담을 수도, 물을 수도 없습니다. 그래서 우리의 인생길에 고스란히 남아 있게 됩니다.

마치 '쓰레기'처럼….

그것은 삼백 년이 아니라 '영원'입니다.

잘못된 언어는 우리 인생길을 다시는 가고 싶지 않은, 그리고 함께하고 싶지 않은 그런 길로 가게 해 우리를 망가트립니다.

내 인생길을 되돌아봅니다.

오늘은 좋은 말로 아름다운 길 가꾸기….

오늘의 묵상 말씀

히브리서 4:12

하나님의 말씀은 살아 있고 활력이 있어 좌우에 날선 어떤 검보다도 예리하여 혼과 영과 및 관절과 골수를 찔러 쪼개기까지 하며 또 마음의 생각과 뜻을 판단하나니

Hebrews 4:12

For the word of God is living and active. Sharper than any double-edged sword, it penetrates even to dividing soul and spirit, joints and marrow; it judges the thoughts and attitudes of the heart.

19. 우생마사(牛生馬死)!

친구와 전화 통화를 했습니다.

모든 것을 순리대로 해결해야지 억지로 하게 되면 되는 것 같아 보여도 나중에 보면 안하니만 못하고 다 그르치게 된다는 이런저런 이야기를 함께 나누었습니다.

친구는 의미심장하게 저에게 '우생마사'(牛生馬死) 이야기를 꺼내 들었습니다.

> 친구야, 소와 말은 모두 헤엄을 칠 줄 아는 가축들인데 그중에 말이 훨씬 소보다 헤엄을 잘 치지. 그러나 정작 홍수가 나서 소와 말이 함께 물에 휩쓸려 떠나가게 되면 헤엄을 더 못 치는 소는 살고 헤엄 잘 치는 말은 죽는 거야.
>
> 하도 희한하여 그 이유를 살펴보았더니 말은 쓸려 내려오는 물살을 이기려 헤엄치다 지쳐서 결국 물에 빠져 죽지만, 소는 절대 물을 이기려 하지 않는다는 거야.
>
> 소는 그저 물에 몸을 맡기고 몇 시간 떠내려가다가, 물은 몇 번 먹게 되고, 시간은 더디지만, 결국 물이 있는 건너편 땅에 이르러 목숨을 건지게 된다는 거지.

친구야!
친구도 '순리'대로 해, 그게 세상을 이기는 거야!"

비와 눈이 하늘에서 내리면 다시 그리로 돌아가지 않고 땅을 적셔 싹이 나게 하며 열매가 맺히게 하여 파종할 씨앗과 먹을 양식을 주듯이 내 입에서 나가는 말도 나에게 헛되이 돌아오지 않고 내 뜻을 이루며 내가 의도한 목적을 성취할 것이다(사 55:10-11, 현대인의성경).

하나님은 결국 자신의 아름다운 뜻을 이루십니다.
'우생마사!'
'주님의 뜻을 헤아려 주님의 뜻을 거스르지 않는 것이 이 물살을 이기고 인생을 잘 사는 지혜가 아닐까요?'
열심히 사는 것 보다 더 중요한 것이 있습니다.
그것은 주님의 뜻을 아는 '지혜'입니다.
우리가 주님을 거스르고 무엇을 이루려 합니까?
어쩌면 지금 우리가 필요한 것은 '쟁기'가 아니라 잠시 하늘을 바라보는 '여유'일 수도 있습니다.
오늘은 주님의 뜻을 헤아리기···.

오늘의 묵상 말씀

이사야 55:10-11

10 이는 비와 눈이 하늘로부터 내려서 그리로 되돌아가지 아니하고 땅을 적셔서 소출이 나게 하며 싹이 나게 하여 파종하는 자에게는 종자를 주며 먹는 자에게는 양식을 줌과 같이
11 내 입에서 나가는 말도 이와 같이 헛되이 내게로 되돌아오지 아니하고 나의 기뻐하는 뜻을 이루며 내가 보낸 일에 형통함이니라

Isaiah 55:10-11

10 As the rain and the snow come down from heaven, and do not return to it without watering the earth and making it bud and flourish, so that it yields seed for the sower and bread for the eater,
11 so is my word that goes out from my mouth: It will not return to me empty, but will accomplish what I desire and achieve the purpose for which I sent it.

제1부   19. 우생마사(牛生馬死)!

20. 만 오천 원

얼마 전에 기숙사로 들어가는 아들 녀석이 현관 앞에서 저에게 묻습니다.
"아빠 돈 있어요?"
마침 지갑에 가지고 있는 현찰이 없던 터라….
"아들, 어쩌냐?
아빠 현찰 지금 가진 것 하나도 없는데…."
갑자기 순식간에 말을 바꾸며 우리 아들 왈!
"아빠 괜찮아요. 돈 필요 없어요!"
'아니 저 철난 녀석 아빠 마음이 머쓱할까 봐, 돈 있냐고 묻더니 바로 돈 필요 없다고 그러네, 허 참!'
이내 속마음이 찡합니다.
아들이 기숙사에 들어간 다음날 전화 문자로 어제 미처 내의며 양말이며 교복이며 마르지 않아 못 가져간 것들을 갖다 달라고 연락이 옵니다. 옷 가방을 기숙사 사감실로 서둘러 가져다줍니다.
옷 가방 안에는 지퍼를 열면 바로 보이게 흰 교복 셔츠 위에 만 오천 원을 가지런히 넣어 두었습니다. 좋아할 아들 녀석 얼굴을 생각하니 돌아오는 길이 가볍습니다.

제 여러분, 여러 가지 시험을 당하더라도 그것을 기쁨으로 여기십시오. 믿음의 시련은 인내를 만들어낸다는 것을 아십시오. 그러므로 끝까지 참고 견디어 부족함이 없는 완전하고 성숙한 사람이 되십시오 (약 1:2-4, 현대인의성경).

우리에게 어려움이 있을지라도 때론 "아빠 괜찮아요. 저 이 정도쯤은 감당할 수 있어요. 제겐 아빠가 있잖아요!"라는 고백이 주님의 마음을 움직일 수 있음을 보게 됩니다.

그리스도인의 성숙은 '자립'이 아니라 '신뢰'입니다.

오늘도 시련 뒤에 가장 좋은 것을 예비하신 하나님 아버지를 믿음으로 바라보며 견고히 나아갑시다.

오늘은 믿음으로 하나님 아버지 바라보기…..

오늘의 묵상 말씀

야고보서 1:2-4

2 내 형제들아 너희가 여러 가지 시험을 당하거든 온전히 기쁘게 여기라
3 이는 너희 믿음의 시련이 인내를 만들어 내는 줄 너희가 앎이라
4 인내를 온전히 이루라 이는 너희로 온전하고 구비하여 조금도 부족함이 없게 하려 함이라

James 1:2-4

2 Consider it pure joy, my brothers, whenever you face trials of many kinds,
3 because you know that the testing of your faith develops perseverance.
4 Perseverance must finish its work so that you may be mature and complete, not lacking anything.

21. 잊어버린 차 열쇠

침대 위에서 일어나 밤사이 잠자던 몸을 깨우며 기지개를 켭니다.
"아니!"
시계를 바라보는 순간, 늦은 약속 시각에 깜짝 놀라 급히 차 키를 찾습니다.
그런데 항상 식탁 위에서나 침대 옆 소파 위에서 나를 바라보며 '주인님, 나 여기 있어요. 날 데려가세요!'라고 하던 차 열쇠가 보이질 않습니다.
순간 당황하면서 서둘러 장롱 안이며 어제 입었던 양복이며 테이블 위며 화장실이며 여기저길 찾아봅니다. 그런데 열쇠는 전혀 생각하지 않았던 곳, 아들 방 안 침대 위에서 날 쩨겨봅니다.
'날 왜 밤새도록 이곳에 혼자 놓아 둔 거예요!'
어제 잠시 아들 방에 들어갔다가 침대 위에 무심코 열쇠를 놓고 나온 것입니다. 그리곤 그렇게 까맣게 잊어버렸습니다.

그의 명령을 어기지 않았고 그 입의 말씀을 매일 먹는 음식보다 더 소중히 여겼다(욥 23:12, 현대인의성경).

세끼 정해진 음식보다 말씀을 귀하게 여기고 말씀대로 살라는 것입니다. 하지만, 오늘 묵상을 했던 말씀이 내일이면 무슨 내용이었는지 가물가물 기억나지를 않습니다.

육의 양식은 매일 정한 시간 거르는 일이 없지만, 영의 양식은 까맣게 잊어버리는 열쇠 꾸러미 같은 신세입니다.

무엇 때문일까요?

말씀이 아직 내 몸의 일부가 아니기 때문입니다. 그래서 말씀이 내 몸에 떨어져 있어도 아무런 아쉬움과 불편함도 전혀 느껴지질 않습니다. 하루를 떨어져 있어도 전혀 몰랐던 열쇠 꾸러미처럼….

말씀을 담는 곳은 귀나 눈이 아닙니다.
말씀은 '체득'돼 '몸'이 되어야 합니다.
말씀이 체득된 이는 절대 '가식'이 없습니다.
말씀을 알기 때문입니다.

오늘은 말씀과 함께하기….

오늘의 묵상 말씀

욥기 23:12

내가 그의 입술의 명령을 어기지 아니하고 정한 음식보다 그의 입의 말씀을 귀히 여겼도다

Job 23:12

I have not departed from the commands of his lips;
I have treasured the words of his mouth more than my daily bread.

22. 미운 오리 새끼

　미운 오리 한 마리가 있었습니다. 함께 태어난 형제들에 비해 몸도 빠르지 못하고 생김새는 유별납니다. 목소리는 투박하여 형제들과 함께 소리 한 번 내지도 못합니다.
　친구들을 찾아보지만, 결국 늘 홀로 남겨져 버립니다.
　깊은 절망과 외로움에 한없이 눈물을 흘립니다.
　그리고 이 슬픔의 눈물은 이내 작은 연못이 되어 버립니다.
　흐르는 눈물방울이 물위에 더해지고 잔물결이 물위로 퍼져 나갑니다.
　얼마 동안을 그렇게 울었을까요?
　자리에서 일어나려 하는 순간 물위로 비친 자신의 모습을 바라보고 깜짝 놀라게 됩니다.
　우아하고 아름다운 백조 한 마리가 눈물을 닦으며 놀란 눈으로 자신을 바라보는 것이 아닙니까?
　그는 그때 비로소 알게 됩니다. 자신이 '미운 오리'가 아니라 '백조'인 것을….

하나님의 말씀은 살아 있고 활동력이 있어서 양쪽에 날이 선 그 어떤 칼보다도 더 날카롭습니다. 그래서 혼과 영과 관절과 골수를 쪼개고 사람의 마음속에 품은 생각과 뜻을 알아냅니다(히 4:12, 현대인의성경).

말씀은 죄악과 허물로 덮여 있는 우리의 옛사람을 허물고 회개와 눈물로 새사람이 되게 하십니다. 눈물의 강에 자신을 비추지 않고서는 자신 속에 감추어져 있는 백조의 모습을 회복할 수 없습니다. 때론 아픔과 외로움과 절망이 우리를 눈물의 강가로 인도합니다.

하지만, 우리는 그 강가에서 우리의 허물과 죄를 씻어내고 백조로 다시 탄생합니다. 참회의 '눈물' 없이 새롭게 되는 것은 없습니다. 남의 허물을 방패 삼아 자신의 허물을 교묘히 감추는 자는 결국 백조가 되지 못합니다.

미운 오리는 원래 없습니다!

다만, 자신 속에 있는 백조를 깨닫지 못하고 그냥 미운 오리로 사는 것입니다. 자신을 돌아보며 이 강가에서 '눈물'을 흘릴 수 있다면 당신은 백조입니다.

오늘은 자신을 돌아보기….

오늘의 묵상 말씀

히브리서 4:12

하나님의 말씀은 살아 있고 활력이 있어 좌우에 날선 어떤 검보다도 예리하여 혼과 영과 및 관절과 골수를 찔러 쪼개기까지 하며 또 마음의 생각과 뜻을 판단하나니

Hebrews 4:12

For the word of God is living and active. Sharper than any double-edged sword, it penetrates even to dividing soul and spirit, joints and marrow; it judges the thoughts and attitudes of the heart.

23. 불자가 교인보다 낫네!

차문을 열기 위해 차 손잡이를 잡는 순간 누군가 차 옆문을 상하게 한 듯한 '흠집 자국'이 보였습니다.

'정말 좀 조심할 것이지 남의 차에 이게 뭐람!'

속상한 마음으로 차를 살펴보고 있는데 제 차 앞 유리창에 메모지가 꽂혀 있습니다.

"부주의로 문을 열다가 흠집을 냈습니다. 전화해 주세요."

속으로 생각하기를… '허! 그래도 이 사람 양심은 있네!'라고 생각하니 마음이 좀 풀렸습니다.

외출하고 오후에 돌아와 주차장에서 전화를 겁니다.

"여보세요, 아침에 차에 메모지 남겨놓으셨던 분이신가요?"

"아! 네, 맞습니다!"

40대 정도의 묵직한 중년 남성의 목소리가 들려옵니다.

"메모지에 연락처가 있어서 전화 드렸습니다. 차에 흠집이 나 있는 것 같아서요. 그런데…."

저는 말을 계속 이어 가려는데 이 남자가 순수하게 미안하다며 바로 주차장으로 오겠답니다. 얼마 뒤 주차장에 한 남자가 달려 나와 죄송하다며 인사하더니 말을 이어 갑니다.

"얼마 전에 이사를 왔구요. 우리 아이들이 장난이 심해서 문을 열다가 그만 차에 흠집을 냈습니다. 미안합니다."

나는 속으로 '아! 아닙니다. 됐습니다. 애들 키우다 보면 그럴 수도 있죠. 심하지는 않은데요. 뭘. 그냥 타도 되겠어요'라고 말하고 싶었지만, 이 중년이 지갑에서 꺼내 건네주는 돈을 결국 받고 말았습니다.

돈을 받으면서 '나도 문을 열다가 옆 차 흠집 냈었는데…'

양심이 찔려왔습니다. 그는 깍듯이 인사를 하고 뒤돌아서서 자신의 차로 향했습니다. 그 사람의 차를 보게 되었습니다. 그 사람의 차 앞 유리에 연등이 매달려 있었습니다. 그리고 내 차 안에는 십자가가 걸려 있습니다. 순간 멍해졌습니다.

'불자가 교인보다 낫네!'

누군가 나에게 말하는 듯했습니다.

> 그러나 우리는 사람이 율법을 지켜서 의롭게 되는 것이 아니라 예수 그리스도를 믿음으로 의롭게 된다는 것을 알기 때문에 우리도 그렇게 되려고 예수 그리스도를 믿고 있습니다. 그 누구도 율법을 지켜서 의롭게 될 사람은 없습니다(갈 2:16, 현대인의성경).

말씀이 제시하는 이 의에 이르는 믿음, 그리스도를 믿는 다는 것은 무엇일까요?

우리는 사실 솔직히 행위로는 불자보다 못할 때가 너무 많습니다. 그 이유는 우리가 주님을 영접하였지만, 여전히 우리 안에는 해

결 되지 않은 쓴 뿌리와 옛사람이 남아 있기 때문입니다.

살다 보면, 우리 안의 죄성이 나를 삼킬 때가 하루에도 한두 번이 아닙니다. 이때 우리는 고개를 떨구며 깨닫게 됩니다.

'나로서는 안 되는 거구나!

오직 주님의 은혜만이 나를 구원하시는 거구나!'

이렇게 고백하게 됩니다.

그래서 의에 이르는 믿음이란 그리스도의 십자가 위에서 나를 위해 이루신 죄의 용서하심과 구원을 의지함입니다.

하지만, 그렇다고 그리스도인이 죄에 대하여 너그러울 수 있을까요?

그러면 하나님의 은혜를 더 받으려고 계속 죄를 지어야 하겠습니까(롬 6:1)라고 바울이 묻습니다.

은혜 때문에 의를 저버린다면 벼룩을 잡기 위해 외양간을 태우는 것과 같습니다. 조금만 깊이 생각하면 의가 은혜의 근본임을 알게 됩니다. 그가 철저히 의를 이루심으로 우리가 은혜를 입었기 때문입니다.

그리스도인에게 있어서 경건한 삶은 해야만 하는 의무가 아닙니다. 우리의 경건은 그의 은혜에 대한 감사의 '예배'입니다. 우리가 예배자라면 세상 사람 보다 기꺼이 경건해야만 하는 이유입니다. 불자의 친절을 다시 한번 생각해 봅니다

오늘은 하나님의 은혜를 많이 생각하기….

오늘의 묵상 말씀

갈라디아서 2:16

사람이 의롭게 되는 것은 율법의 행위로 말미암음이 아니요 오직 예수 그리스도를 믿음으로 말미암는 줄 알므로 우리도 그리스도 예수를 믿나니 이는 우리가 율법의 행위로써가 아니고 그리스도를 믿음으로써 의롭다 함을 얻으려 함이라 율법의 행위로써는 의롭다 함을 얻을 육체가 없느니라

Galatians 2:16

know that a man is not justified by observing the law, but by faith in Jesus Christ. So we, too, have put our faith in Christ Jesus that we may be justified by faith in Christ and not by observing the law, because by observing the law no one will be justified

24. 네 아빠가 누구시니?

"제 막내 남동생이 한 네다섯 살 정도 되었을까요?"

우리 가족은 막 노총각 딱지를 땐 삼촌과 숙모와 함께 할머니 추석 명절 성묘를 하러 갑니다.

김밥이며, 음료수며, 잡채며, 그리고 이것저것 짐꾸러미를 온 가족이 나누어 듭니다. 그날따라 성묘객으로 터질 듯한 시골버스 안에서 우리 가족 모두는 눌린 오징어 모양이 되어 1시간 정도 달린 끝에 목적지인 버스 정류장에 겨우 도착하여 내리게 됩니다.

버스는 우리를 내려 놓더니 다시 토끼 춤을 추듯 흙먼지 날리며 비포장도로 위를 달려 사라집니다.

바로 그때입니다.

"형! 막냇동생이 없습니다!"

짐은 다 있는데 막내가 없습니다.

막냇동생을 버스에 두고 내린 것입니다.

아버지, 어머니는 1시간 30분을 기다려 다음 버스를 타고 서둘러 버스 종점을 향해 갑니다. 그리곤 버스 종점 기사 대기실에서 눈물, 콧물, 아이스크림이 범벅된 막냇동생을 발견합니다.

동생을 보호하고 있던 한 운전기사 아저씨가 부모님에게 말합니다.

이 녀석 아주 귀엽고 기특해요.

아이가 계속 울기에 아이스크림 주면서 물었었습니다.

'울지 말거라. 엄마, 아빠가 이 아이스크림 먹고 있으면 찾으러 오실 거야, 네 아빠가 누구니?'

그러자 아, 이 아드님이 대답하지 뭐예요.

'우리 아빠는요 키도 크구요. 짐도 많이 들었구요. 먹을 것도 많이 사 주시구요. 우리 아빠는 저를 많이 사랑해 주세요.'

그리고 다시 또 엉엉 울지 뭡니까?

그리스도께서는 신적인 능력으로 생명과 경건에 관한 모든 것을 우리에게 주셨습니다. 이것은 자신의 영광과 선으로써 우리를 부르신 분을 우리가 알게 될 때 얻어지는 것입니다. 이것으로 그리스도는 아주 소중하고 중대한 약속을 우리에게 주셨으며 이 약속을 통해 여러분이 세상의 파괴적인 정욕을 피하여 신의 성품에 참여하도록 하셨습니다(벧후 1:4, 현대인의성경).

우리는 우리 아버지이신 그분을 얼마나 많이 알고 있을까요?

우리가 길을 잃었을 때 누군가가 네 아버지가 누구인지 물을 때 우리는 뭐라 대답할 수 있을까요?

"우리 아버지는요, 나를 많이 사랑해 주세요!"

오늘은 아버지 바로 알기 그리고 길 잃지 말기….

오늘의 묵상 말씀

베드로후서 1:3-4

3 그의 신기한 능력으로 생명과 경건에 속한 모든 것을 우리에게 주셨으니 이는 자기의 영광과 덕으로써 우리를 부르신 이를 앎으로 말미암음이라
4 이로써 그 보배롭고 지극히 큰 약속을 우리에게 주사 이 약속으로 말미암아 너희가 정욕 때문에 세상에서 썩어질 것을 피하여 신성한 성품에 참여하는 자가 되게 하려 하셨느니라

2 Peter 1:3-4

3 His divine power has given us everything we need for life and godliness through our knowledge of him who called us by his own glory and goodness.
4 Through these he has given us his very great and precious promises, so that through them you may participate in the divine nature and escape the corruption in the world caused by evil desires.

25. 빅 아이즈

한 여류 화가의 그림 중에 '빅 아이즈'라는 그림이 있습니다. 그녀는 큰 눈을 가진 아이들의 그림을 그리는 것을 좋아했습니다. 세상의 폭력과 위협 가운데 노출된 아이들, 자신을 보호하기엔 너무나 어리고 약한 이 아이들의 모습 속엔 언제나 슬픈 큰 눈이 그려져 있습니다.

전쟁과 기아와 이별과 죽음을 바라보는 아이의 큰 눈이 이 여류 작가가 그리고자 하는 테마입니다.

이 '빅 아이즈'는 지금의 기성세대의 탐욕과 죄가 만들어낸 일들을 똑똑히 지켜보고 있다는 메시지와 그런데도 '빅 아이즈'가 바라보는 것은 희망이라는 상징을 담고 있습니다.

누구에게나 우리 속엔 이런 큰 눈을 가진 아이의 모습을 가지고 있습니다. 세상을 이기기 위해 가공된 그런 내 모습이 아니라 절망된 세상 앞에 선 솔직한 우리의 모습입니다. 그것은 두려움, 절망, 아픔, 슬픔입니다.

그러나 하늘에서 온 지혜는 첫째 순결하고 다음에는 평화를 사랑하고 너그럽고 양순하고 자비와 선한 열매가 가득하고 편견과 위선이 없습니다(약 3:17, 현대인의성경).

절망과 좌절 가운데 있는 누군가를 위로하고 치유하기 위해 우리에게 필요한 것이 무엇일까요?

그것은 편견과 거짓이 없는 '솔직한 마음'입니다.

찢긴 내면의 상처가 너무나 커서 가망이 없어 보이는 누군가를 위로하고 치유하는 것은 어렵게 느껴집니다.

하지만, 이 내면의 치유는 어쩌면 쉽고 단순할 수도 있습니다.

첫째, 솔직해지기
둘째, 끌어안기

스스로 자신에 대하여 솔직해지면 끌어안을 '여백'이 생깁니다.

오늘은 하나님 앞에서 솔직해지기….

오늘의 묵상 말씀

야고보서 3:17

오직 위로부터 난 지혜는 첫째 성결하고 다음에 화평하고 관용하고 양순하며 긍휼과 선한 열매가 가득하고 편견과 거짓이 없나니

James 3:17

But the wisdom that comes from heaven is first of all pure; then peace-loving, considerate, submissive, full of mercy and good fruit, impartial and sincere.

26. 수구초심

제 아버님이 하신 말씀 중에 참 기억에 남는 말씀이 있습니다.
"사람은 사는 것보다 죽는 것이 더 중요하단다.
사람은 죽는 모습이 아름다워야 진정 아름다운 사람인 게야!"
옛날 중국 은나라 말기에 '강태공'이라는 사람이 있었습니다. 그는 '위수'(胃水)라는 강가에 사냥을 나왔던 '창'(昌)이라는 사람을 만나 함께 은나라 주왕을 몰아내고 '주'(周)나라를 세웠습니다.
강태공은 그 공로로 주나라의 통치 안에 있던 제나라의 '영구'(營丘)라는 곳에 '제후'로 봉해졌다가 그곳에서 죽게 됩니다.
그곳에서 그를 포함하여 5대손에 이르기까지 그 땅에서 살았지만 죽을 때만큼은 모두 주나라 황제의 땅에 돌아와 장사됐습니다. 묻히면서도 자신의 근본이 주나라에 있음을 후손에게 알린 것입니다.
이를 두고 당시 사람들은 죽을 때는 자기 고향을 향하여 죽는 여우의 모습에 빗대어 강태공과 그의 후손들을 '수구초심'(首丘初心)이라 일컫게 되었습니다.

이제 인내와 위로의 하나님이 여러분에게 그리스도 예수님의 정신과 일치하는 연합 정신을 주셔서 여러분이 한 마음과 한 목소리로 우리 주 예수 그리스도의 아버지이신 하나님께 영광을 돌릴 수 있기를 바랍니다(롬 15:5-6, 현대인의성경).

그리스도를 본받아 아버지께 영광을 돌리는 삶, 이것이 우리 신앙의 근본입니다.

우리는 우리의 마지막 모습이 아름답기를 바랍니다!

우리의 끝이 아름답다면 그 삶은 아름다운 삶입니다!

끝이 아름답기 위하여 우리는 어떻게 살아야 할까요?

'수구초심'(근본을 향한 한결같은 마음)입니다.

그리스도인에게 수구초심이란 그 근본인 예수 그리스도를 떠나지 않는 것이며, 그 근본을 향해 머리를 두고 눈을 감는 것입니다.

오늘은 우리의 근본을 살펴보기….

오늘의 묵상 말씀

로마서 15:5-6

5 이제 인내와 위로의 하나님이 너희로 그리스도 예수를 본받아 서로 뜻이 같게 하여 주사
6 한마음과 한 입으로 하나님 곧 우리 주 예수 그리스도의 아버지께 영광을 돌리게 하려 하노라

Romans 15:5-6

5 May the God who gives endurance and encouragement give you a spirit of unity among yourselves as you follow Christ Jesus,
6 so that with one heart and mouth you may glorify the God and Father of our Lord Jesus Christ.

27. 비포장도로

교회로 가는 길은 두 길이 있습니다.

한 길은 멀리 돌아서 가지만, 아스팔트가 깔린 '포장된 도로'이고, 나머지 한 길은 지름길이지만, '비포장 길'입니다.

저는 요새 이 비포장 길을 자주 사용합니다.

이 도로를 달리노라면 차 밑에서부터 들려오는 심상치 않은 파열음과 좌우로 요동치는 핸들을 이겨내며 가야 합니다.

어느 성도님이 말합니다.

"있잖아요, 저번에 뵈니까, 이 길로 교회를 오시길래 저도 따라서 이 길로 오다가 제 차가 터지는 줄 알았어요."

하지만, 그런데도 10분 걸릴 길을 3분 만에 갈 수 있다는 장점 때문에 저는 지금도 급하다 싶으면 이 비포장 된 길의 위험을 마다하지 않고 달려갑니다.

> 그렇다면 한마음 한뜻으로 같은 사랑을 가지고 하나가 되어 내 기쁨을 충만하게 하십시오. 무슨 일이든지 다툼이나 허영으로 하지 말고 겸손한 마음으로 자기보다 남을 낫게 여기며(빌 2:3, 현대인의성경).

'겸손한 마음은 서로를 위하여 포장도로와 같다'라는 생각을 해 봅니다. 겸손한 마음은 주님이 내게 신속히 달려오시는 길이고 내가 나의 이웃을 향해 다가가는 길입니다.

우리 주님이 돌짝밭처럼 거친 나의 길을 바라보시며 내게 오시기를 머뭇거리시는 모습을 생각해 봅니다. 내 마음에 아스팔트길을 깔고 언제든 거침없이 주님께서 내게 달려오실 수 있도록 '겸손한 마음'을 가져야겠습니다.

혹, 내 사랑하는 사람이 나의 자고 하는 마음, 나의 교만한 마음, 나의 이기적인 마음 대문에 이 돌짝밭길 앞에서 머뭇거리고 있지는 않을까 생각해 봅니다.

오늘은 겸손하기….

오늘의 묵상 말씀

빌립보서 2:3-4

3 아무 일에든지 다툼이나 허영으로 하지 말고 오직 겸손한 마음으로 각각 자기보다 남을 낫게 여기고
4 각각 자기 일을 돌볼뿐더러 또한 각각 다른 사람들의 일을 돌보아 나의 기쁨을 충만하게 하라

Philippians 2:3-4

3 Do nothing out of selfish ambition or vain conceit, but in humility consider others better than yourselves,
4 Each of you should look not only to your own interests, but also to the interests of others.

28. 물이 마른 저수지

우리 교회 앞에는 작은 저수지가 있습니다.

저수지에는 수련들이 풍성해서 여름 한 철 피어오른 연분홍 연꽃들이 바람이 일 적마다 아름답게 근무하듯 몸을 흔들어 댑니다.

물새들은 물위로 내려앉고 화폭 같은 물표면 위로 잔잔한 너울이 퍼져 나갑니다. 물가에는 외로운 두루미 수줍은 발걸음으로 갈대 숲에 몸을 숨기더니 불어오는 바람에 고개짓을 하며 무심히 하늘을 바라봅니다.

물을 가둔 저수지 뚝방길을 따라 교회로 가는 길은 참 아름다운 길입니다. 그런데 언제부턴가 이 저수지에 물새와 두루미가 더 이상 보이질 않습니다.

연들은 모두 다 제빛을 잃고 시들었고 푸른바람은 더 이상 저수지 위에 불지 않습니다. 왜냐하면, 더 이상 그곳에 물이 없기 때문입니다. 물이 마른 것입니다. 개발이라는 이름으로 이 저수지에 물을 공급하는 물 골짜기며 샘들이 흙으로 메워졌기 때문입니다.

우리 주 예수 그리스도의 아버지 하나님께 찬양을 드립니다. 하나님 아버지께서는 그리스도 안에서 하늘의 모든 영적인 복을 우리에게 내려 주셨습니다(엡 1:3, 현대인의성경).

그리스도를 통하여 우리에게 주시는 축복입니다. 그리스도는 우리의 복의 통로라고 말씀하십니다.

하늘로부터 우리에게 임하시는 은혜의 근원이 되신 '예수 그리스도'를 우리가 스스로 우리의 생각과 아집과 교만으로 다 묻어 버리고 막아 버리는 것은 아닌지 생각해 봅니다.

나의 영혼 가운데 그리스도를 회복하여 메마른 내 삶과 맘의 호숫가에도 떠났던 물새며 두루미며 푸른바람이 다시 돌아왔으면 좋겠습니다.

근원을 덮고 혹시 누군가 춤을 추고 있습니까?

근원을 덮고 혹시 누군가 춤을 추고 있습니까?

오늘은 예수 그리스도를 회복하기….

오늘의 묵상 말씀

에베소서 1:3

찬송하리로다 하나님 곧 우리 주 예수 그리스도의 아버지께서 그리스도 안에서 하늘에 속한 모든 신령한 복을 우리에게 주시되

Ephesians 1:3

Praise be to the God and Father of our Lord Jesus Christ, who has blessed us in the heavenly realms with every spiritual blessing in Christ

29. 달리고 싶은 자전거

우리 주위에 있는 사물과 대화를 나눌 때가 있습니다.
차 열쇠를 찾다가 드디어 전혀 생각지 않았던 곳에서 차 열쇠를 찾게 되면 차 열쇠를 꾸짖습니다.
"넌 왜 거기에 있는 거니?"
아침에 새벽 기도를 가기 위해 주차장에 밤새 세워 놓았던 차를 바라보면서 말을 건넵니다.
"밤새 잘 잤니?"
아파트 공동 현관 앞에 수많은 자전거가 녹슨 채 묶여 있습니다. 측은히 그들을 바라보고 있노라면 쇠사슬에 묶여 있는 그들이 제게 말을 겁니다.
'달리고 싶어요!
당신이라도 제발 나에게 달릴 수 있도록 이 올무에서 저를 풀어 주세요!'
여러분들도 가끔 사물과 대화를 해 보십시오!
참 재미있습니다!

이런 것들을 넉넉히 갖춘다면 여러분은 우리 주 예수 그리스도를 아는 지식이 더욱 풍부해질 것입니다(벧후 1:8, 현대인의성경).

주님은 우리에게 필요를 따라 넉넉하게 주셨습니다.

사실 우리에게 주신 것이 헤아릴 수 없이 많지만, 우리의 눈은 어둡고 마음은 깨닫지 못함으로 늘 흡족하지 못한 것입니다.

묶여 있는 자전거들이 달리고 싶다고 주인을 애타게 부르고 있는 것처럼 하나님이 이때를 위해 예비하신 많은 것들이 우리를 부릅니다.

"당신의 게으름과 무지의 사슬에서 날 풀어 주세요!

그리고 나를 사용해 주세요!"

주님이 내게 주셨지만, 그동안 묵혀 두고 썩혀 두었던 달란트들을 되돌아봅니다.

그들은 우리에게 말합니다.

"게으름과 구지로 날 묶어 두는 것은 죄악이어요!"

당신이 묶어 놓은 것은 무엇입니까?

그들을 '풀어 주는 것'이 새로운 삶의 '시작'입니다.

오늘은 귀를 기울여 소리를 들어 보기….

오늘의 묵상 말씀

베드로후서 1:8

이런 것이 너희에게 있어 흡족한즉 너희로 우리 주 예수 그리스도를 알기에 게으르지 않고 열매 없는 자가 되지 않게 하려니와

2 Peter 1:8

For if you possess these qualities in increasing measure, they will keep you from being ineffective and unproductive in your knowledge of our Lord Jesus Christ.

30. 영어 학원 기사 아저씨

목양실에서 예배 준비를 하다가 시장기를 느껴 교회 식당에 들어갔습니다. 먹을 것을 찾고 있는데 교회 식당에 피아노 위에 놓여 있는 '영양포' 같은 것이 눈에 들어왔습니다.

'오우 케이!'(OK)

나는 반색하며 봉지에서 하나를 꺼내 입에 물었습니다.

'음, 생선을 가공한 영양포라 맛이 독특하군!'

배가 고팠던 터라 꿀맛 같았습니다.

일 때문에 교회에서 나와 서둘러 동네에 있는 빌딩 주차장에 차를 주차 시키고 있는데 안면이 있는 '영어 학원 기사 아저씨' 한 분과 눈이 마주쳤습니다.

'오늘은 저분을 좀 기쁘게 해 드려야지!'

제 손에 들고 있던 꿀맛 같은 영양포 하나를 선뜻 꺼내 드렸습니다. 그 아저씨가 한 입 맛있게 드시는 것을 보고는 흡족해하며 인사하고 헤어졌습니다.

그리고 한 며칠이 지났습니다. 한 성도님이 가끔 강아지를 데리고 교회에 오십니다. 그날도 교회 식당에 그 강아지가 앉아 있는 것이 보입니다. 교회에 성도님과 함께 온 모양입니다. 그 성도님과 차-

한 잔을 함께 나누고 있는데 이 강아지를 향해 우리 성도님….

"아유! 우리 강아지야 배고프지 밥 줄까?"

그러더니 피아노 위에 있는 그 영양포를 꺼내 놓는 것 아닙니까?

'오 마이 갓!….

아니, 이것이 정녕 개포였단 말인가!.'

갑자기 속이 메스꺼워집니다.

그때 스쳐 지나가는 미안한 얼굴이 떠오릅니다.

영어 학원 기사 아저씨….

> 우리는 이웃을 기쁘게 하여 서로 유익하게 하고 덕을 세우도록 해야 합니다(롬 15:2, 현대인의성경).

오늘도 더불어 살아가는 세상에서 이웃을 기쁘게 하고 '선과 덕'을 이루어 나아가는 삶이 이 세상을 살맛 나는 세상으로 바꾸는 지름길임을 보게 됩니다.

내 안에 갇힌 삶으로는 서로 행복할 수 없습니다. 내가 먼저 열고 나누고 베풀 때 웃을 수 있습니다. 가끔은 이 나눔이 희한한 결과를 가져오기도 하지만, 그래도 나누셔야 합니다. 외면은 미움보다 나쁘고 무관심은 증오보다 더 혹독합니다.

'외면과 무관심'은 굶주린 사자도 고개를 돌리게 합니다.

오늘은 먼저 마음 문을 열기….

오늘의 묵상 말씀

로마서 15:2

우리 각 사람이 이웃을 기쁘게 하되 선을 이루고 덕을 세우도록 할지니라

Romans 15:2

Each of us should please his neighbor for his good, to build him up.

제2부
가을날 겨울 바라기

내려놓음이 변화의 중심입니다

1. 공존과 대립

차를 타고 사거리에서 신호를 기다리고 있는데 도로변 옆에서 열심히 현수막을 걸고 있는 사람들이 보였습니다.
'음, 아파트 분양 광고로군. 참 열심히들 하네.'
신호가 바뀌자 출발하여 다음 사거리에 다시 정차하고 신호를 기다립니다. 그런데 이번엔 시청 직원들이 길가에서 열심히 현수막을 떼어 내는 것을 보게 되었습니다. 순간 이런 생각이 들었습니다.
'바로 앞에서는 현수막 달기에 열심이고, 바로 뒤에서는 떼기에 열심이구만!'
'저러다가 현수막 붙이는 사람들과 떼는 사람들이 거리에서 마주치면 어떻게 될까?
서로 싸우게 될까?
아니면, 서로 피할까?'
하지만, 저는 지금까지 7년 동안 이 도시에 살면서 그들이 싸우는 것을 단 한 번도 본 적이 없습니다.
왜일까요?
그들의 관계는 사실 '대립 관계'가 아니라 '공존 관계'이기 때문입니다. 현수막을 붙여야 월급을 받는 사람과 현수막을 떼야 월급을 받는 사람들, 이들의 관계는 사실은 '공존 관계'입니다. 세상은 그렇게 단순하지 않습니다.

> 허물을 덮어 주는 사람은 사랑을 추구하는 자이며 그것을 거듭 말하는 사람은 친한 친구를 이간하는 자이다(잠 17:9, 현대인의성경).

주님은 "일흔 번씩 일곱 번이라도 용서하라"고 하십니다.

> 예수께서 이르시되 네게 이르노니 일곱 번뿐 아니라 일곱 번을 일흔 번까지라도 할지니라(마 18:22).

용서는 지은 죄가 기억에서 사라지게 하거나 행한 행위의 결과를 없어지게 하는 것이 아닙니다. 그것은 불가능합니다. 그래서 '용서'란 '허물을 덮는 것'입니다.

사람은 자신이 절대선이 아님을 인정할 때 남의 허물을 덮을 수 있습니다. 우리가 절대선이 아니기에 가만히 생각해 보면 세상의 악도 결국 우리의 허물과 무관하지 않습니다.

허물을 덮어두는 자는 언젠가 그이로 인하여 자신의 허물을 덮게 될 것입니다.

오늘은 허물을 덮어 주기···.

오늘의 묵상 말씀

잠언 17:9

허물을 덮어 주는 자는 사랑을 구하는 자요 그것을 거듭 말하는 자는 친한 벗을 이간하는 자니라

Proverbs 17:9

He who covers over an offense promotes love, but whoever repeats the matter separates close friends.

2. 홀로 된다는 것

우리 집구석에 있는 화장실은 생리적인 볼일에 사용하는 것 외에 참 다양한 일들이 이루어지는 곳입니다. 아침이면 옷을 벗고 들어가 샤워를 하고 몸단장을 합니다. 때론, 잠깐의 여유가 허락이 되면, 책도 읽고, 스마트폰 검색도 하고, 음악도 듣는 문화 공간이 되기도 합니다.

또한, 너무 속상하고 아파서 혼자 눈물 흘리며 마음 달랠 수 있는 곳이기도 하고, 하루 일과를 끝내고 거울로 얼굴을 마주 바라보며 '오늘 너 애썼다'라고 자신을 위로할 수 있는 곳이기도 합니다.

그러고 보면, 이곳은 참 다양한 일이 펼쳐지는 멀티 공간입니다.

그런데 우리가 이 공간에서 이렇게 다양하고 많은 것을 할 수 있는 이유는 무엇 때문일까요?

그것은 이곳이 누구의 방해도 받지 않고 유일하게 홀로 있을 수 있다는 이유 때문입니다.

남자나, 여자나, 어른이나, 아이나, 때론 혼자 있어야 할 때가 있습니다. 그리고 사람은 때론 혼자일 때, 더 지혜로워지고 성숙해지기도 합니다.

이제는 분한 생각과 화내는 것과 악의와 비방과 입에서 나오는 더러운 말을 버리십시오(골 3:8, 현대인의성경).

우리는 삶을 살아가면서 내가 아닌 다른 사람들에게서 받은 상처 때문에 '분노와 노여움' 속에서 피폐해지고 강퍅해지기도 합니다.

이 '분노와 노여움'에서 벗어나는 길은 잠시 자신을 내려놓는 것입니다. 자신을 냉정하게 살펴보는 성찰의 시간, 그리고 상한 감정으로 뜨거워진 분노를 잠재울 수 있는 '냉각기'도 홀로 있을 때 가능한 시간입니다.

혼자된다는 것이 꼭 불리한 것만은 아닙니다. '분노와 노여움'에 아픈 내가 있다면, 때론 다 내려놓고 잠시 혼자 있는 것도 나쁘지 않습니다.

오늘은 다 내려놓기….

오늘의 묵상 말씀

골로새서 3:8

이제는 너희가 이 모든 것을 벗어 버리라 곧 분함과 노여움과 악의와 비방과 너희 입의 부끄러운 말이라

Colossians 3:8

But now you must rid yourselves of all such things as these: anger, rage, malice, slander, and filthy language from your lips.

3. 유수불부

어제 저는 후회 할 말을 하며 살았습니다.
그 말의 무게에 한숨을 지었습니다.

어제 저는 작은 위로의 말들도 하며 살았습니다.
무거운 한숨을 지울 수 있었습니다.

하루에 얼마나 많은 말을 하며 살까?
말을 위한 말을 하는 사람은 말이 덫이 되지만
사람을 품고 말을 하는 사람은 말이 복이 됩니다.

고사성어 '유수불부'(流水不腐)라는 말이 있습니다.
'흐르는 물은 썩지 않는다'라는 말입니다.
사람도 매한가지입니다. 소통은 흐르는 물입니다. 소통이 원활한 사람은 늘 생각이 신선합니다. 남의 말을 잘 들어주는 사람은 절대 사람에게 미움을 받지 않습니다. 사람은 자신의 말을 잘 들어주는 사람을 친구로 생각합니다.

남의 말을 듣는 것은 베푸는 것, 쌓는 것, 배려하는 것이지만, 자신의 말을 즐겨하는 것은 미숙한 것, 여유가 없는 것, 조급한 것입니다. 그래서 언어는 '기술'이 아니라 '인격'입니다.

소통의 절반은 듣기이고, 소통의 남은 절반도 듣기입니다.

> 사연을 들어 보지도 않고 대답하면 어리석은 사람으로 무시 당한다
> (잠 18:13, 현대인의성경).

'유수불부'처럼 고이고 썩지 않기 위해서는 남의 말을 들어 줄 줄 알아야 합니다. 남의 말을 듣지 않는 사람은 스스로 자기 생각의 깊은 우물을 파고, 결국 그 우물 가운데 추락하게 됩니다.

"끊임없이 듣고 끊임없이 소통하면 욕을 면한다"라고 말씀하십니다.

모든 문제는 나의 '경직된 생각'과 '가벼운 언어'에서 시작됩니다.

당신에게 소중한 사람이 있습니까?

그분의 이야기를 들어주십시오!

행복해질 겁니다.

오늘은 이야기 들어주기….

오늘의 묵상 말씀

잠언 18:13

사연을 듣기 전에 대답하는 자는 미련하여 욕을 당하느니라

Proverbs 18:13

He who answers before listening that is his folly and his shame.

4. 당신의 마지막 오늘

만약, 오늘이 '마지막 오늘'이라면 당신은 무엇을 하고 싶으신가요?

> 당신의 마지막 식사, 당신의 마지막 만남, 당신의 마지막 여행, 당신의 마지막 일, 당신의 마지막 대화, 당신의 마지막 밤, 당신의 마지막 품, 당신의 마지막 노래, 당신의 마지막 호흡 ….

오늘 그렇게 보내는 이 일상이 마지막이라고 생각한다면, 이렇게 무의미한 하루를 보내는 것을 후회할 것 같습니다.
 아니 어쩌면 당신에게 주어진 남은 시간이 하루가 아닌, 하루보다 더 짧은 삶일지 누가 알겠습니까?
 오늘 지금 바로 이 순간이 내 생애 최고의 순간이 되도록 후회 없이 살아야 하겠습니다.
 여러분, 오늘 마지막 하루를 보내실 준비가 되어 있으십니까?
 만약, 여러분이 이 질문에 대하여 별로 당황하지 않으셨다면, 둘 중의 하나입니다. 지금껏 후회 없이 잘 살아오셨거나, 아니면 아무 생각이 없이 살아가고 계시거나….

오늘이 '마지막 오늘'이라면 당신의 하루 계획은 무엇입니까?

> 사람이 온 세상을 얻고도 자기 생명을 잃으면 무슨 유익이 있겠느냐?
> (막 8:36, 현대인의성경)

사실 매일 하루는 사는 게 아니라 죽는 것입니다. 우리의 체감이 시간의 속도를 더디게 느끼는 것입니다.
시간의 속도를 있는 대로 체감한다면 얼마나 공포스러울까요?
주님은 우리에게 묻습니다.

> 사람이 자기 생명을 무엇과 바꿀 수 있겠느냐?(막 8:37, 현대인의성경)

여러분, 산다고 사는 것입니까?
사는 것답게 살아야 잘사는 것입니다.
오늘이 마지막이라면, 저는 마지막 순간을 제게 가장 의미 있는 일, 가치 있는 일, 소망이 있는 일을 찾아 하루를 보낼 것입니다.
당신에게 질문합니다.
당신은 마지막 하루를 어떻게 보내시겠습니까?
이 질문에 하루가 절실하고 소중해집니다.
오늘 하루, 가식과 체면 때문에 내게 가장 소중한 일들, 가장 의미 있는 일들 앞에서 주저하지 마시고 "우리 생의 최고의 순간"을 이루며 살기를 바랍니다.
오늘은 하루를 그렇게 보내지 말기….

오늘의 묵상 말씀

마가복음 8:36-37

36 사람이 만일 온 천하를 얻고도 자기 목숨을 잃으면 무엇이 유익하리요
37 사람이 무엇을 주고 자기 목숨과 바꾸겠느냐

Mark 8:36-37

36 What good is it for a man to gain the whole world, yet forfeit his soul?
37 Or what can a man give in exchange for his soul?

5. 내 머릿속의 지우개

"내 머리 속의 지우개"라는 영화가 있습니다. '손예진'이 주연을 맡고 '정우성'이 상대역이었던 영화입니다. 손예진은 과거의 아픈 이별을 가슴에 담고 살았습니다.

하지만, 그녀는 운명처럼 정우성을 만나 결혼하게 되었습니다. 그러나 이 행복한 결혼 생활은 너무나 짧았습니다.

그녀가 마음속에 있던 아픈 기억을 지우려 했기 때문일까요?

손예진은 '기억상실증'에 걸리게 되고 서서히 모든 기억을 잃어 갑니다. 잊고 싶었던 아픈 기억과 함께 지금 사랑하는 남편의 얼굴도, 행복했던 결혼 생활의 기억까지 모두 다 사라져 갑니다.

사람은 '아픈 기억'을 잊으려 합니다. 하지만, 이 아픈 기억만 떼어 내어 지울 수 있는 것이 아닙니다. 마음속에 남겨진 상처는 지워지는 것이 아닙니다.

그러나 절망하지 마십시오!

이 기억을 지울 수는 없지만, 이 기억이 더 이상 아픔으로 남지 않도록 할 수는 있습니다. 그것은 아픈 기억을 더 즐겁고 행복한 순간으로 보란 듯이 잘사는 것입니다.

미움은 다툼을 일으켜도 사랑은 모든 허물을 가리느니라(잠 10:12).

사랑은 허다한 모든 허물을 덮습니다.
지금 사랑에 충실 하십시오!
그리고 덮어버리고 행복하게 지내십시오!
두려움을 벗어버리고 사랑하십시오!
이것이 아픈 기억을 지우는 유일한 길입니다.

그러나 우리는 사람이 율법을 지켜서 의롭게 되는 것이 아니라 예수 그리스도를 믿음으로 의롭게 된다는 것을 알기 때문에 우리도 그렇게 되려고 예수 그리스도를 믿고 있습니다. 그 누구도 율법을 지켜서 의롭게 될 사람은 없습니다(갈 2:16, 현대인의성경).

예수 그리스도를 믿는다는 것은 그의 자비와 선하심과 용서하심에 내 삶을 '맡겨 드림'입니다. 맡겨 드림이 믿음입니다. 주님은 맡겨 드리는 자의 모든 허물을 덮어 주십니다. 주님은 사랑이시기 때문입니다.
사랑, 저 '바다 같은 사랑'도 작은 '믿음의 샘'에서부터 시작됩니다. 그리고 그 작은 믿음의 샘은 우리의 솔직함의 골짜기에서 나옵니다. 연약함이 허물의 면죄부는 될 수 없지만, 연약함에 대한 솔직함은 믿음과 사랑에 불을 붙이는 부싯돌이 됩니다. 그래서 연약함은 우리가 서로 믿어야 할 이유가 되기도 합니다.
오늘은 사랑하기….

오늘의 묵상 말씀

갈라디아서 2:16

사람이 의롭게 되는 것은 율법의 행위로 말미암음이 아니요 오직 예수 그리스도를 믿음으로 말미암는 줄 알므로 우리도 그리스도 예수를 믿나니 이는 우리가 율법의 행위로써가 아니고 그리스도를 믿음으로써 의롭다 함을 얻으려 함이라 율법의 행위로써는 의롭다 함을 얻을 육체가 없느니라

Galatians 2:16

know that a man is not justified by observing the law, but by faith in Jesus Christ. So we, too, have put our faith in Christ Jesus that we may be justified by faith in Christ and not by observing the law, because by observing the law no one will be justified.

6. 길조와 흉조

얼마 전 오랜만에 기도원에 갔습니다. 첫날 아침 집회를 마치고 홀로 산책길을 걷고 싶어 막 산책길을 나섭니다. 길옆 나무 위에 앉아 있던 '까치' 한 마리가 저를 바라보며 "깍깍 깍깍" 소리를 내며 정답게 반겨줍니다.

'음… 이번에 기도원에서 기도 응답도 많이 받고 좋은 일이 많이 있겠는데….'

속으로 이렇게 생각하며 발걸음도 가볍게 물이 흐르는 아름다운 산책길을 따라 계곡을 올라갑니다.

한 10분을 걸었을까요?

그런데 어디선가 또 새 소리가 들립니다.

"까르르 까르르, 까르르 까르르."

소리가 나는 쪽을 올려다 보니 길가의 나뭇가지에 검은 '까마귀'가 앉아 큰 소리로 흉측하게 울어대는 것 아닙니까?

'주여! 이건 뭐죠?'

나는 내가 받은 가장 중요한 것을 여러분에게 전하였습니다. 그것은 그리스도께서 성경 말씀대로 우리 죄를 위해 죽으시고 무덤에 묻히셨다가 삼일 만에 다시 살아나셨다는 것입니다(고전 15:3-4, 현대인의성경).

우리는 세상을 살며 이게 '길조'인지 '흉조'인지를 따집니다. 불확실한 '장래'에 대한 '두려움' 때문입니다. 하지만, 예수 그리스도를 모시고 사는 하나님의 자녀들에겐 모든 삶이 늘 '길조'입니다.

주님은 우리의 모든 죄를 대신 죽으셨습니다. 그리고 부활하시어 우리의 소망이 되셨습니다. 우리의 죄를 용서하심은 죄로 인한 고통, 근심, 염려, 아픔, 절망에서 우리를 자유하게 하신 것입니다.

우리를 위해 목숨까지 내어 주신 하나님이 가장 좋은 것으로 당신의 자녀들에게 예비하시지 않겠습니까?

아빠의 손을 붙잡고 가는 어린아이의 얼굴엔 근심이 없습니다. 아빠에 대한 신뢰 때문입니다. 우리가 주의 은혜 가운데 있다고 고백하면서도 불안과 근심 가운데 매여 있다면, 붙잡고 있는 그가 아빠가 아니거나, 아버지를 신뢰하지 않았기 때문입니다.

창조주 하나님 그분이 우리 아버지 되심과 그분이 강한 손으로 나를 붙들고 계심을 바라보는 것, 그것이 믿음입니다.

주님과 함께하는 삶이 길조와 흉조가 어디 있겠습니까?

주님과 함께하는 삶이 늘 '길조'입니다!

오늘은 주님만 바라보기….

오늘의 묵상 말씀

고린도전서 15:3-4

3 내가 받은 것을 먼저 너희에게 전하였노니 이는 성경대로 그리스도께서 우리 죄를 위하여 죽으시고
4 장사 지낸 바 되셨다가 성경대로 사흘 만에 다시 살아나사

1 Corinthians 15:3-4

3 For what I received I passed on to you as of first importance: that Christ died for our sins according to the Scriptures,
4 that he was buried, that he was raised on the third day according to the Scriptures.

7. 겨울나무

겨울의 길목 앞에 섰습니다. 아름답던 길가에 가로수 단풍도 이젠 찾아볼 수 없습니다. 거리는 늦은 가을비로 추적거리고 거리에 날리는 낙엽은 고운 단풍 빛이라고 말하기에는 너무 슬프고 초라하게 퇴색되었습니다.

어느덧 벌거벗은 가로수는 남은 잎에 겨우 부끄러운 자신의 몸을 가리려는 듯 무정한 바람에 애처로운 손짓을 합니다.

측은한 마음에 나무를 감싸 안아 봅니다.

그리고 묻습니다.

'넌, 왜 이리도 옷을 벗었니?

겨울에 많이 추울 텐데….'

걱정하는 저에게 그가 대답해 줍니다.

"아니에요, 괜찮아요. 우린 이 겨울 이렇게 벗어야 살아요. 벗지 않으면 이 겨울 이 옷이 오히려 우리를 꽁꽁 얼어붙게 해요. 우린 이 추운 겨울을 이렇게 이겨내요."

> 그러나 그리스도께서는 죽었다가 다시 살아나 죽은 사람들의 첫열매가 되셨습니다(고전 15:20, 현대인의성경).

주님은 죽은 자들의 부활이시며 잠자는 자들의 첫 열매가 되셨습니다.
어찌 사망이 없이 부활이 있으며, 어찌 잠자는 자들 없이 깨어남이 있을 수 있겠습니까?
'죽음'은 '부활의 시작'입니다.
주님께서는 때론 다 내려놓게 하시기도 하시고, 때론 다 벗어 버리라고 요구하시기도 하십니다.
'왜 그럴까?
왜 이리도 힘든데…, 추운데…, 내려놓고 벗으라 하실까?'
속으로 주님을 원망해 보기도 합니다.
하지만, 가로수의 낙엽을 바라보며 곧 깨달음을 얻습니다. 영하의 추운 겨울을 이기기 위해 푸르름을 떨어뜨리게 하심이 '하나님의 은혜임'을 깨닫게 하십니다.
내가 스스로 벗고 깨트리지 않으면, 주님께서 우리를 벗기시고 깨트리십니다. 주님께서 때로는 다 내려놓게 하십니다.
그것이 우리를 살리는 길이기 때문입니다.
오늘은 벗어버리기….

오늘의 묵상 말씀

고린도전서 15:20

그러나 이제 그리스도께서 죽은 자 가운데서 다시 살아나사 잠자는 자들의 첫 열매가 되셨도다

1 Corinthians 15:20

But Christ has indeed been raised from the dead, the firstfruits of those who have fallen asleep.

8. 무지개 눈

눈이 내립니다.

첫눈이 오면 여기에 우리 꼭 다시 한번 와보자고 했던
그 약속을 그 사람은 기억할까요?

쏟아지는 별빛처럼 황홀한 눈을 맞으며 한없이 길을 걷던
그날 밤을 그 사람은 기억하고 있을까요?

하늘도 땅도 마을도 온통 하얗게 눈 내려 몇 날 며칠 갇혀 지냈던
그 겨울을 그 사람은 기억할까요?

아! 저 천국에서도 눈이 올까요?

만약 저 천국에도 눈이 온다면
차가운 눈이 아니라 따뜻한 눈이 내리기를…

만약 저 천국에서도 눈이 온다면
흰 눈이 아니라 일곱 색깔 무지개 눈이 내리기를…

그 사람은 눈 위에 적어 놓았던
우리의 약속을 기억할까요?

여호와께서 말씀하신다. '오너라. 우리 허심 탄회하게 이야기해 보자. 너희 죄가 주홍 같을지라도 눈과 같이 흐게 될 것이며 진홍같이 붉을지라도 양털처럼 될 것이다'(사 1:18, 현대인의성경).

    주님의 약속입니다. 우리가 기억해야 할 것은 그분이 우리를 용서하셨고, 그 죄를 기억조차 하지 아니하시는 분이라는 사실입니다. 주님의 사랑은 모든 것을 덮습니다.
    오늘 내리는 이 눈이 늘 내리는 겨울눈이 아니라 여러분의 마음 가운데 따뜻한 기억을 선사하는 특별한 눈이었으면 좋겠습니다.
    당신의 가슴 속에 따뜻한 눈이 내리기를….
    그 사람은 그 '약속'을 기억할까요?
    오늘은 기억하기….

오늘의 묵상 말씀

이사야 1:18

여호와께서 말씀하시되 오라 우리가 서로 변론하자 너희 죄가 주홍 같을지라도 눈과 같이 희어질 것이요 진홍같이 붉을지라도 양털같이 되리라

Isaiah 1:18

"Come now, let us reason together," says the LORD. "Though your sins are like scarlet, they shall be as white as snow; though they are red as crimson, they shall be like wool.

9. 그 집 순대국

"집사님, 으늘 2시경에 집사님 가게로 가려고요. 후배 한 명과 함께 가려는데 괜찮을까요?"
"그럼요, 그럼요, 아이고 빨리 오세요!"
교회 피아노 조율을 마친 후배와 함께 집사님이 일하시는 국밥집에 도착하니 우리 집사님 문 앞까지 나와 반겨주십니다.
"빨리 들어오세요, 추워요!"
겨울비는 부슬부슬 오는데 집사님 얼굴은 화창한 봄날입니다.
반찬과 순댓국과 고기 한 접시가 놓여집니다.
함께 기도하고 난 뒤 집사님과 덕담을 나누고 음식을 먹습니다.
부드러운 고기와 구수한 국물 맛이 일품입니다.
그리고 양은 얼마나 많던지….
"오늘 제가 와서 특별히 이렇게 많이 주신 거죠?"
이렇게 여쭈었더니, 외국인 노동자들이 많이 찾아와 측은한 마음에 조금씩 더 드다 보니 우리 가게 밥의 양이 많아졌다고 하십니다.
배불리 먹고 난 후에야 식당 안을 둘러보는데 벽에 붙여 놓은 광고 글귀가 눈에 들어옵니다.
"어제도 오시더니 오늘도 오셨군요.

내일도 오시면 얼마나 좋을까요!"
갑자기 눈이 확 밝아옵니다.
'그래 참 정감이 가는 말이로구나!
집사님의 따뜻한 마음 때문에 이 가게가 참 잘 될 거야!
내일도 또 오고 싶어지네!'

> 말씀되시는 그리스도께서 사람이 되어 우리 가운데 사셨다. 우리가 그분의 영광을 보니 하나님 아버지의 외아들의 영광이었고 은혜와 진리가 충만하였다(요 1:14, 현대인의성경).

'독생자의 영광,' 그분은 '예수 그리스도'를 의미합니다.

우리는 영광도 진리도 은혜도 아니지만, 우리가 예수 그리스도의 영으로 충만할 때 우리 안에 그의 영광과 은혜와 진리로 충만하게 됩니다. 세상 사람들도 그 마음 안에 가지고 있는 인덕으로 세상에 감동을 주고 빛을 발하며 살아갑니다.

하물며, 그리스도의 영을 가슴에 품고 살아가는 우리가 어떻게 살아야 하겠습니까?

'충만'이란 가슴에 가득 담겨 있는 것이 아니라 흘러넘치는 것입니다. 영광과 은혜와 진리가 충만한 삶을 소원합니다.

오늘은 그의 영으로 충만하기···.

오늘의 묵상 말씀

요한복음 1:1, 14

1 태초에 말씀이 계시니라 이 말씀이 하나님과 함께 계셨으니 이 말씀은 곧 하나님이시니라
14 말씀이 육신이 되어 우리 가운데 거하시매 우리가 그의 영광을 보니 아버지의 독생자의 영광이요 은혜와 진리가 충만하더라

John 1:1, 14

1 In the beginning was the Word, and the Word was with God, and the Word was God.
14 The Word became flesh and made his dwelling among us. We have seen his glory, the glory of the One and Only, who came from the Father, full of grace and truth.

10. 스산한 등산로

오랜만에 산을 올랐습니다. 비가 왔던 터라 계곡에 물이 많았습니다. 골짜기를 따라 불어난 물이 길 위로 넘쳐흐릅니다. 작은 돌이며, 바위들이며, 고운 이끼 옷 입고 서로들 청아한 빛깔을 뽐냅니다. 물을 따라 아름답게 나아 있는 오솔길은 힘도 들지 않습니다.

1시간 30분 정도 걸었을까요?

인적 없는 아름다운 등산로에 매료되어 걷자니 궁금해집니다.

'왜 이토록 아름다운 산에 사람이 없을까?'

'혹시, 이 산에 무슨 사연이 있는 것은 아닐까?'

'혹시, 이 산에서 좋지 않은 사고라도 있었던 것은 아닐까?'

별별 생각이 다 나면서 조용한 산길을 걷자니 갑자기 아름답던 등산길이 스산해지고 으시시해지기 시작합니다. 산길은 깊어가고 해는 떨어지는데, 또 어디선가 뭔가 나올 것 같은 생각에 꽂힌 뒤, 한 5분 정도 걸었는데 1시간을 걷는 것처럼 힘들게 느껴집니다.

바로 그때입니다!

멀리서 사람 소리가 들립니다. 등산을 마치고 내려오는 노부부입니다. 고개를 숙여 인사하는데 노부부는 상냥하게 말합니다.

"힘내세요!

한 30분만 더 가면 정상입니다."

가볍게 목례를 하고 그 길을 따라 다시 올라가는데 마음이 편안해집니다. 그리고 누군가가 길을 잃지 말라고 나뭇가지에 매어 놓은 노란 띠들이 길 위에 보입니다. 누군가가 미리 걸어간 이 오솔길이 더없이 편안하고 따뜻하게 느껴집니다.

> 예수 그리스도께서 마련하신 구원의 길을 통해 하나님의 은혜로 값없이 의롭다는 인정을 받게 되었습니다(롬 3:24, 현대인의성경).

성경은 예수 그리스도께서 우리를 속량하시고 구원하시기 위해 우리가 가야 할 고난의 길을 그가 미리 걸으셨고 그 길을 따라 쫓아 오는 모든 이들에게 값없는 구원의 은혜를 허락하신다고 말씀하십니다.

어떤 조건이나 보상이 없이 거저 주시는 주님의 은혜입니다. 이 은혜는 예수 그리스도가 가셨던 그 길을 따라 걷는 모든 이에게 주시는 은혜입니다.

꼭, '새길'이 정답이 아닐 수 있습니다.

'수 없이 넘어지고 일어서고를 하며 닦아 온, 오래된 이 길이 정답일 수도 있겠다'라는 생각이 듭니다.

'바른길'이라면, 힘들어도 반드시 '가야할 길'입니다.

오늘은 나의 인생길을 생각하기….

오늘의 묵상 말씀

로마서 3:24

그리스도 예수 안에 있는 속량으로 말미암아 하나님의 은혜로 값 없이 의롭다 하심을 얻은 자 되었느니라

Romans 3:24

and are justified freely by his grace through the redemption that came by Christ Jesus.

11. 나비가 된 송충이

자전거를 타고 길을 달리는데 갑자기 길에서 뭔가 꿈틀거립니다. 브레이크를 잡았지만, 피할 틈도 없이 작고 갈색의 털이 잔뜩 나 있는 무언가 바퀴 아래로 휙 하고 지나칩니다. 순간 깜짝 놀라 자전거를 멈추고 그곳으로 가 봅니다. 거기엔 다름이 아니라 송충이 한 마리가 아주 열심히 분주하게 길을 건너가고 있습니다.

"휴, 하마터면 송충이 칠 뻔했네, 야! 너 뭐니?
큰일 날 뻔했잖아!"

송충이는 저 말에는 아랑곳하지 않고 바쁘다는 듯이 새침하게 마구 꿈틀대며 계속 기어갑니다. 그 모양을 보고 있자니 귀엽기도 하고, 우습기도 하고, 한편 안쓰럽기도 합니다.

"송충아, 그런데 너 어디에서 무엇 하다가 이제 나왔니?
너 완전 지각이야, 지각, 지금 겨울이야 겨울…, 너 언제 고치 만들고 언제 집 짓고 언제 나비 될래…, 이 겨울 너 너무 늦은 것 아냐?"

송충이는 그냥 제 말에 대꾸도 없이 그저 마구 제 길로 갑니다.

내가 그들에게 영원한 생명을 준다. … 아버지의 손에서 그들을 빼앗아 갈 자가 없다 (요 10:28-29).

주 안에 있는 자들에게는 두 가지 복이 있습니다.

첫째, 영생입니다.
주님과 그의 나라에서 영원히 거하는 천국의 소망입니다.
둘째, 하나님의 보호하심입니다.
이 땅에서 살면서 주님의 능력 가운데 그의 보호하심을 누리는 것입니다.

하나님의 자녀는 이땅에 사는 동안에도 주의 보호하심 가운데 있어 소망에 살고, 삶이 다하여 이땅을 떠날 때에도 천국이 있어 소망입니다. 그래서 주님의 자녀들은 사나 죽으나 늘 소망입니다.
오늘 아침은 너무 춥습니다.
그 송충이 어떻게 되었을까요?
과연 살아남았을까요?
'고치'라도 제대로 만들었을까요?
너무 늦은 건 아닐까요?
아닐 겁니다. 전 정말 그 송충이가 찬란한 나비가 되어 내년 봄 그 길에서 다시 만날 수 있을 것을 확신합니다. 왜냐하면, 저는 그의 '발걸음'에서 '확신'을 보았기 때문입니다.
당신은 지금 당신이 가야 할 길을 묵묵히 가고 있습니까?
그렇다면, 당신은 위대한 '승리자'입니다.
오늘은 주안에 있는 확신 가운데 소망 갖기….

오늘의 묵상 말씀

요한복음 10:28-29

28 내가 그들에게 영생을 주노니 영원히 멸망하지 아니할 것이요 또 그들을 내 손에서 빼앗을 자가 없느니라
29 그들을 주신 내 아버지는 만물보다 크시매 아무도 아버지 손에서 빼앗을 수 없느니라

John 10:28-29

28 I give them eternal life, and they shall never perish; no one can snatch them out of my hand.
29 My Father, who has given them to me, is greater than all; no one can snatch them out of my Father's hand.

12. 이 수난 시대

　백화점과 상가에는 성탄절 트리가 설치되고 아파트 정문에는 반짝이와 네온으로 가득합니다. 올해도 여전히 거리를 울리는 구세군의 '땡그렁 땡그렁' 종소리가 거리의 이곳저곳에 울려 퍼집니다.
　거리를 보고 있자니 중고등학교 이맘때 옛 추억이 떠오릅니다.
　제가 다녔던 교회에서는 매년 연말이 되면 엿 공장에서 '엿'을 떼어 옵니다. 그러면 전교인이 식당에 모여 앉아 방석만 한 엿들을 작게 깨어 포장하고 이것을 2인 1조로 들고 나가 거리마다 다니며 고아원이며 양로원을 위해 '불우 이웃 돕기 모금'을 하게 됩니다.
　교회 친구와 함께 온 동네를 돌아다니며 외칩니다.
　"안녕하세요, 교회에서 나왔는데요!
　불우 이웃 돕기 모금좀 해 주세요!
　모금을 해 주시면 여기 엿도 드려요!"
　지금은 상상도 할 수 없는 풍경이지만, 그땐 살기 어려웠어도 참 모금을 잘도 해 주셨습니다. 매해 연말이면 불우 이웃을 돕겠다고 온 교인 가정마다 엿을 사서 먹느라 틀니고, 사랑니고, 어금니고, 아이들, 어른들 할 것 없이 참, 이빨 무지하게 많이 빠졌습니다.
　'그땐 그랬지!'

아득한 옛 추억에 마음이 깊어져 갑니다.

> 하나님은 그리스도 안에서 세상을 자기와 화해시키시고 사람들의 죄를 그들에게 돌리지 않으셨으며 화해의 말씀을 우리에게 맡기셨습니다. 그러므로 우리는 그리스도의 전권 대사입니다. 하나님은 우리를 통해 여러분에게 말씀하고 계시는 것입니다. 우리가 그리스도를 대신하여 여러분에게 간청합니다. 여러분은 하나님과 화해하십시오 (고후 5.19-20, 현대인의성경).

그러므로 너희가 하나님과 화목된 자로 너희가 서로 '화목'하라고 말씀하십니다.

이 연말을 어떻게 하면 보람 있게 보낼 수 있을까요?

주님은 가난한 자, 병든 자, 죄인 된 자, 억압받는 자, 고통받는 자의 친구가 되어 주시기 위하여 이 땅에 오셨습니다. 주님을 바라보면서 '소외된 이웃'을 돌아보는 연말이 되시기를 바래요.

그런데 그것 아세요?

소외된 이웃은 멀리 있지 않습니다. 만약, 아내와 부모와 형제와 화목하지 않다면 그들이 가장 가까운 곳에 있는 소외된 자들입니다. 먼저 그들과 '화목'하시길 바랍니다.

화목하길 원하세요?

주님이 그랬듯이 "왜 그랬어?"라고 묻지 마시고, "무엇이 널 그토록 힘들게 했니?"라고 묻기를 바래요!

오늘은 화목하기….

오늘의 묵상 말씀

고린도후서 5:19-20

19 곧 하나님께서 그리스도 안에 계시사 세상을 자기와 화목하게 하시며 그들의 죄를 그들에게 돌리지 아니하시고 화목하게 하는 말씀을 우리에게 부탁하셨느니라
20 그러므로 우리가 그리스도를 대신하여 사신이 되어 하나님이 우리를 통하여 너희를 권면하시는 것 같이 그리스도를 대신하여 간청하노니 너희는 하나님과 화목하라

2 Corinthians 5:19-20

19 that God was reconciling the world to himself in Christ, not counting men's sins against them. And he has committed to us the message of reconciliation.
20 We are therefore Christ's ambassadors, as though God were making his appeal through us. We implore you on Christ's behalf: Be reconciled to God.

13. 우연일까요

만약, 당신이 그곳을 지나실 때에
제가 당신이 가시는 그 길 위에 있지 않았다던
제가 당신을 만날 수 있었을까요?

만약, 제가 당신을 처음 본 순간
당신이 나의 눈을 바라보아 주지 않으셨다면
당신 앞에 지금의 제가 있을 수 있었을까요?

만약, 저가 당신을 조금씩 알아가던 그때에
제 마음에 상처가 없었더라면
제가 당신을 그렇게 절절히 사랑할 수 있었을까요?

만약, 당신이 저를 품안에 안아 주셨을때에
제가 연약하지 않았다면
제가 당신의 깊은 사랑을 감사할 수 있었을까요?
생각해 보면 모든 것이 우연이 아닙니다.
그래서 지나고 보면 모든 것이 은혜입니다.

> 우리 주 예수 그리스도의 아버지 하나님께 찬양을 드립니다. 하나님 아버지께서는 그리스도 안에서 하늘의 모든 영적인 복을 우리에게 내려 주셨습니다(엡 1:3, 현대인의성경).

이 복은 '예수 그리스도 안에 있는 복'이라고 말씀하십니다.

예수 그리스도의 십자가는 '우연적 사건'이 아닙니다. 하나님의 철저한 예비하심과 계획하심 가운데 우리를 구원하시기 위해 임하신 '특별한 사건'입니다.

그러므로 예수님 안에 있는 복은 '특별한 복'입니다. 그러므로 예수님을 통하여 하나님을 만난 여러분도 특별한 사람들입니다. 비가 오면 우산을 쓰고 비가 그치면 우산을 접듯이 하나님 안에 우연은 없습니다.

십자가가 우연이 아니듯, 당신을 향한 하나님의 사랑도 우연이 아닙니다. 당신은 아주 특별한 사람입니다.

오늘은 자부심을 갖고 스스로 특별해지기….

오늘의 묵상 말씀

에베소서 1:3

찬송하리로다 하나님 곧 우리 주 예수 그리스도의 아버지께서 그리스도 안에서 하늘에 속한 모든 신령한 복을 우리에게 주시되

Ephesians 1:3

Praise be to the God and Father of our Lord Jesus Christ, who has blessed us in the heavenly realms with every spiritual blessing in Christ.

14. 소통의 혁명

　삶의 패턴이 참 많이 변했음을 보게 됩니다. 그중에 하나가 '스마트폰'입니다. 스마트폰으로 그 자리에서 모든 것을 검색할 수 있습니다. 목회자가 설교할 때도 참 조심스럽습니다.
　왜냐하면, 그 자리에서 그 정보가 옳은 것인지 아닌지 검색할 수 있기 때문입니다. 또한, 스마트폰으로 상대방이 어디에 있는지 알 수도 있고 내가 사는 곳을 실시간 위성 사진과 거리 사진으로 파악할 수도 있습니다.
　스마트폰에 내 전화번호가 등록됨과 동시에 잊었던 사람들의 전화번호와 정보를 공유받기도 합니다. 그래서 스마트폰은 모든 사람과 함께 지식과 정보를 공유하는 '소통의 도구'로 주목받고 있습니다.
　스마트폰은 정보통신의 발전이 일구어 낸 '소통의 혁명'입니다.
　음, 그런데 말이에요!
　이런 기가 막힌 혁명이 내 손에 들려져 있는데도 우리의 삶은 왜 나아짐 없이 여전히 공허하고 외롭고 힘든 걸까요?
　왜 우리는 오늘도 여전히 정보의 혁명을 한 손에 붙들고 있으면서도 끊임없이 이 세상에서 내가 어디에 있고, 어디로 가야 하는지 모른 채 끝없이 고독한 표류를 하는 걸까요?

> 나는 잃어버린 사람들을 찾아 구원하러 왔다(눅 19:10, 현대인의성경).

이 세대의 고독한 표류는 '하나님을 잃어버린 방황'입니다.

우리는 우리의 나아갈 바를 잘 알지 못합니다. 오직 장래를 아시는 분은 하나님이십니다. 비록, 갈 길을 몰라도 그분께 삶을 맡긴 자에게는 진정한 안식과 자유와 평안이 있습니다.

왜냐하면, 주님은 우리를 선한 길로 우리를 인도하시기 때문입니다. 그것은 마치 안전한 항구를 향해 나아가는 크루즈 여객선을 탄 자의 평안과도 같습니다. 더 이상 파도와 바람을 두려워하지 않습니다.

사실 우리의 인생은 우리가 산 것입니까?

우리가 산 것이 아니라 솔직히 살아진 것입니다.

그분의 주권입니다.

당신의 인생에서 '스마트'해지기를 원하십니까?

스마트폰을 손에서 내려놓고 주님과 소통하십시오!

오늘은 스마트해지기 …

오늘의 묵상 말씀

누가복음 19:10

인자가 온 것은 잃어버린 자를 찾아 구원하려 함이니라

Luke 19:10

For the Son of Man came to seek and to save what was lost.

15. 사랑은 미친 짓입니다

사랑은 그리움이 아닙니다.
사랑은 그리움이 아니라
그리움에 못 이겨
그의 문을 두드리는 것입니다.

사랑은 기다림이 아닙니다.
사랑은 기다림이 아니라
그를 위해 할 수 있는 것이
기다림부에 없는 간절함입니다.

사랑은 온유함이 아닙니다.
사랑은 온유함이 아니라
늘 숨기고 감추려 해도
드러나는 푼수 같은 것입니다.

사랑은 넉넉함이 아닙니다.
사랑은 넉넉함이 아니라

늘 거지 같은 목마름입니다.

사랑은 고상함이 아닙니다.
사랑은 고상함이 아니라
말도 안 되는 찌질함입니다.

사랑은 기쁨이 아닙니다.
사랑은 기쁨이 아니라
그 사랑 때문에 오늘도 말없이
눈물짓는 아픔입니다.

사랑은 서로 사는 것이 아닙니다.
사랑은 서로 사는 것이 아니라
언제나 한쪽이 죽고
다른 한쪽이 사는 것입니다.

하지만, 사랑하는 사람들은 이 사랑에 목매고
이 사랑에 모든 것을 겁니다.
왜냐하면, 사랑해 본 사람은 죽어도 좋은 사랑을 알기 때문입니다.
그래서 사랑은 미친 짓입니다.

그리스도께서 몸소 우리 죄를 지시고 십자가에 달려 죽으심으로 우리는 죄에 대하여 죽고 의를 위해 살 수 있게 되었습니다. 그분이 매맞고 상처를 입으심으로 여러분이 낫게 된 것입니다(벧전 2:24, 현대인의성경).

이것이 하나님의 사랑이십니다. 하나님은 우리를 사랑하시되 정말 솔직하게 사랑하셨습니다. 그 사랑에는 가식이나 품위나 우아함이 없습니다. 사랑하시기 위해 옷을 벗었고 매를 맞으셨습니다.

왜냐하면, 우리를 사랑하셨기 때문입니다.

사랑을 갈망하면서도 우리가 사랑하지 못하는 이유는 자신을 버리지 못했기 때문입니다. 사랑에는 체면이 없습니다. 그저 사랑하는 이를 위해 언제든, 어느 곳에서든 꽃을 피울 뿐입니다.

왜냐하면, 사랑은 그저 사랑으로 충분하기 때문입니다.

오늘은 사랑하기….

오늘의 묵상 말씀

베드로전서 2:24

친히 나무에 달려 그 몸으로 우리 죄를 담당하셨으니 이는 우리로 죄에 대하여 죽고 의에 대하여 살게 하려 하심이라 그가 채찍에 맞음으로 너희는 나음을 얻었나니

1 Peter 2:24

He himself bore our sins in his body on the tree, so that we might die to sins and live for righteousness; by his wounds you have been healed.

16. 우리 동네 주유소

저는 우리 동네에서 한 주유소만 7년째 이용하고 있습니다.

지방에 여행을 가거나 타지에 볼일을 보더라도 되도록이면 동네에 있는 이 주유소에서 주유합니다.

왜냐하면, 이 주유소는 공짜로 세차를 해 주기 때문입니다.

원할 때 언제든지 주유를 안 해도 공짜로 세차를 받을 수 있는데, 세차만 이곳에서 무료로 하고 다른 곳에 가서 기름을 넣으면 안 될 것 같아 죽으라고 달려와 이곳에서 주유합니다.

또 다른 이유는, 이 주유소는 나를 알아봐 줍니다.

저는 매번 기름을 넣을 때 5만 원씩만 넣습니다. 7년 동안 늘 그렇게 해왔습니다. 언젠가부터 주유소 직원들은 제 차가 들어오면 얼마 넣을 것인지 묻지도 않은 채 그냥 5만 원 알아서 주유합니다. 그리고 직원이 씽긋 눈웃음을 칩니다.

그런데 아, 글쎄, 이게 말이에요!

별것 아닌 것 같은데 날 알아봐 준다는 것, 그게 묘한 감동을 줍니다.

'아, 여기 직원들이 날 알아봐 주는구나!'

공짜로 세차를 해 주는 주유소는 다른 곳에도 얼마든지 있지만, 날 알아봐 주는 주유소는 여기밖에 없습니다.

그러므로 예수님은 자기를 통해 하나님께 나아가는 사람들을 온전히 구원하실 수 있습니다. 그것은 그분이 언제나 살아 계셔서 그들을 위해 중재의 기도를 하고 계시기 때문입니다(히 7:25, 현대인의성경).

주님이 우리를 위해 간구하실 수 있음은 우리를 너무나 잘 아시기 때문입니다. 우리의 아픔, 고통, 간구, 소원, 연약함, 비전, 그리고 죄까지도 모두 다 알고 계십니다.

주유소 직원이 날 알아봐 주는 것과는 비교도 되지 않습니다. 주님은 날 지으신 분이요, 만드신 분이기 때문입니다. 이 주님이 오늘도 나에게 친절하게 말씀하십니다.

다 내게로 오라 내가 너희를 쉬게 하리라(마 11:28b).

누군가를 알아봐 준다는 것!
누군가가 날 알아봐 준다는 것!
그것은 감동일 수 있습니다. 주위를 둘러보세요.
얼마나 많은 사람이 알아봐 주기를 원합니까?
가까운 사람일수록 그는 당신이 알아봐 주기를 원합니다!
당신도 오늘 작은 것으로도 큰 감동이 될 수 있습니다.
오늘은 알아주기….

오늘의 묵상 말씀

히브리서 7:25

그러므로 자기를 힘입어 하나님께 나아가는 자들을 온전히 구원하실 수 있으니 이는 그가 항상 살아 계셔서 그들을 위하여 간구하심이라

Hebrews 7:25

Therefore he is able to save completely those who come to God through him, because he always lives to intercede for them.

17. 고요한 밤 거룩한 밤

오래전 일이지만, 미국에 건너가 이민 목회를 하였습니다. 한인마트 앞에서 기타를 치며 5년 정도 전도 사역을 했습니다. 제게는 마음속에 남아 있는 따뜻한 크리스마스의 추억이 있습니다.

아마 지금 이맘때였을 겁니다. 성탄 트리가 세워진 한인마트 앞에서 저는 그날도 찬양하며 전도를 하고 있었습니다. 추운 날씨라 기타를 치는 제 손은 얼어붙었습니다.

눈발은 마치 흰 꽃잎처럼 바람에 날려 거리에 흩날렸고 '캐럴'은 기타 반주와 함께 울려 퍼집니다.

> 고요한 밤 거룩한 밤 어둠에 묻힌 밤
> 주의 부모 앉아서 감사 기도 드릴 때
> 아기 잘도 잔다 아기 잘도 잔다.
>
> 고요한 밤 거룩한 밤 영광에 둘린 밤
> 천군 천사 나타나 기뻐 노래 불렀네.
> 왕이 나셨도다 왕이 나셨도다.
> - 새찬송가 109장 1, 2절 -

한 자매님이 다가와 따뜻한 '커피'를 내놓고 찬양하는 저를 보면서 눈물이 가득한 눈으로 찬양을 따라 불렀습니다.

왜 그랬는지, 저의 볼에도 눈물이 흘러내렸습니다.

그리고 어디선가 몇 명이 더 다가와 함께 캐럴을 부르게 되었습니다. 찬양이 끝나고 그분들은 모두 각자 갈 길로 갔고 그 이후 저는 그분들을 만나지 못했습니다. 그리고 지금 그분들의 얼굴이 전혀 기억나지 않습니다.

하지만, 제겐 '소망'이 있습니다. 저 '천국'에 가서 그분들을 꼭 만나보고 싶습니다.

'가장 높은 하늘에서는 하나님께 영광! 땅에서는 하나님의 은총을 받은 사람들에게 평화!' 하며 하나님을 찬송하였다(눅 2:14, 현대인의 성경).

주님의 십자가를 통하여 하나님의 구원이 성취되었고, 우리는 하나님의 자녀로 주님과 화목하게 되었습니다. 주님이 죄로 쌓은 모든 막힌 담을 허무시고 온 인류의 위로와 소망이 되셨듯, 제 삶이 제 가족과 성도들과 그 누군가에게도 '소망'이 되었으면 좋겠습니다.

오늘은 그의 나심을 바라보면서 '메리 크리스마스!'

오늘의 묵상 말씀

누가복음 2:14

지극히 높은 곳에서는 하나님께 영광이요 땅에서는 하나님이 기뻐하신 사람들 중에 평화로다 하니라

Luke 2:14

Glory to God in the highest, and on earth peace to men on whom his favor rests.

18. 한국전쟁

한국전쟁이 거의 끝나 갈 무렵입니다. 북한군이 매설해 놓은 지뢰를 제거하기 위해 조심스럽게 조금씩 조금씩 앞으로 나아가고 있을 때였습니다. 갑자기 한 병사가 외마디 소리를 질러댑니다.

"지뢰다!"

고막을 찢는 폭발음과 함께 흙과 쇠붙이와 연기가 흩어지더니 온 세상이 까맣게 변해 버립니다.

시간이 얼마나 흘렀을까요?

혼수상태에서 몇 날 며칠이 지났습니다. 회생 가능성이 없는 이 병사는 외진 병동으로 치워집니다. 그때입니다. 이 병사의 귀에 풍금 소리가 아련히 멀리서 들려오기 시작합니다.

어린 시절 '어머니'와 함께 불렀던 찬송입니다.

예수 나를 오라 하네 예수 나를 오라 하네
어디든지 주를 따라 주와 같이 같이 가려네
주의 인도하심 따라 주의 인도하심 따라
어디든지 주를 따라 주와 같이 같이 가려네.

- 새찬송가 324장 1절 -

그 병사는 무의식중에 이 풍금 소리에 맞춰 어머니를 생각하며 찬송을 따라 부르게 됩니다.

한 선교사가 이 병동을 지나가던 중 의식 가운데 신음하는 그 환자를 발견하게 되고 그 병사는 서둘러 일반 병동에 옮겨져 수술을 받게 됩니다. 그리고 그는 의식을 되찾게 되어 소생하게 됩니다.

나중에 그 병사는 그 병동에서 풍금이 있는 교회까지는 '십 리'나 떨어져 있었다는 사실 알게 됩니다. 이 이야기는 '한국전쟁' 당시 제 아버님이 경험하셨던 이야기입니다.

> 그러나 그리스도께서는 죽었다가 다시 살아나 죽은 사람들의 첫열 매가 되셨습니다(고전 15:20, 현대인의성경).

주님은 부활이요, 생명이십니다!
주님은 우리의 영을 죽음에서부터 흔들어 깨우십니다!
일어나라, 내 아들, 내 딸아, 내가 너로 인하여 영화를 받으시겠다고 말씀하시며 우리에게 사명을 허락하셨습니다. 살아 있는 자에게는 쟁기가 주어지고, 죽은 자의 손엔 꽃송이가 들려집니다.
비록, 거칠지라도 아직 내 손안에 들린 쟁기에 감사드리면서….
오늘은 깊은 잠에서 깨어 일어나기….

오늘의 묵상 말씀

고린도전서 15:20

그러나 이제 그리스도께서 죽은 자 가운데서 다시 살아나사 잠자는 자들의 첫 열매가 되셨도다

1 Corinthians 15:20

But Christ has indeed been raised from the dead, the firstfruits of those who have fallen asleep.

19. 엉덩이 주사

한번은 감기몸살로 동네 의원에 찾아갔습니다. 의사 선생님이 들어오라고 합니다. 간단한 진찰이 끝나더니 주사를 한 방 놔 줄테니 맞고 가라고 합니다. 주사실에 갔더니 간호사가 주사기를 들고 기다립니다.

겁먹은 아이 모양으로 눈치를 보고 있는데 간호사가 말합니다.

"뭐 해요! 바지 내리세요!"

간호사의 말에 좀 놀라면서 난 즉각 바지를 내립니다. 간호사가 엉덩이 때리면서 주사를 놓습니다.

소독약이 묻은 솜을 주면서 저에게 말합니다.

"다음에는 그렇게 바지 많이 안 내려도 됩니다!"

'맙소사!'

부끄러웠습니다.

열이 안 떨어지면 다시 오라는 의사 선생님 말씀에 다음날 그 의원에 다시 갔습니다.

진료 후, 의사 선생님이 말합니다.

"주사 한 방 맞고 가세요!"

난 속으로 어제 일도 있고 해서 나에게 주사를 준 그 간호사가 근무가 아니길 바라면서 주사실로 들어갔습니다.

웬걸, 그 간호사가 맞습니다.

'이번에는 실수를 안하리라!'

이렇게 생각하고 바지를 조금만 내리고 부끄럽게 기다리고 있었습니다.

'나 오늘은 잘한 것 맞지?'

간호사가 그런 나를 바라보면서 어이없다는 듯이 퉁명스럽게 말합니다.

"오늘은 팔뚝 주사에요. 바지 입으세요!"

'맙소사!'

> 그러므로 우리가 하나님을 사랑한 것이 아니라 하나님께서 우리를 사랑하셔서 자기 아들을 보내 우리를 죄에서 구원하는 제물로 삼아 주셨습니다(요일 4:10, 현대인의성경).

주님이 우리를 위해 내려놓으셨고, 깨지셨고, 끝내 죽으심으로 우리가 용서함 받았고, 구원 받은 것입니다.

누군가를 사랑하십니까?

때론, 그를 위해 체면 따지지 말고 망가져 보세요.

그것이 그렇게 감동이 됩니다. 주님이 그러셨던 것처럼 누군가를 사랑하기 때문에 망가지는 것을 '불행하다'라고 말하지 않습니다. 우리는 그것을 '로맨틱하다'라고 말합니다.

오늘은 사랑하는 사람을 위해 망가져 보기….

오늘의 묵상 말씀

요한일서 4:10

사랑은 여기 있으니 우리가 하나님을 사랑한 것이 아니요 하나님이 우리를 사랑하사 우리 죄를 속하기 위하여 화목 제물로 그 아들을 보내셨음이라

I JOHN 4:10

This is love: not that we loved God, but that he loved us and sent his Son as an atoning sacrifice for our sins.

20. 칼집 안의 명도

저는 전기면도기로 면도를 합니다.

하지만, 얼마 전까지간 해도 '면도칼'을 사용했습니다.

여자분들은 잘 모르시겠지만, 얼굴에 거품을 바르고 면드칼로 면도하는 기분은 전기면도기로 면도하는 것보다 비교할 수도 없을 만큼 또 다른 즐거움을 줍니다.

그날도 저는 면도를 하기 위해 얼굴에 거품을 바르고 쓰던 면도칼을 찾습니다. 그런데 늘 사용하던 면도칼이 눈에 보이지 않습니다. 약속 시간은 다가오고 서둘러 면도칼을 찾다가 비닐봉지에 포장된 새 면도칼이 눈에 보였습니다.

저는 서둘러 '옳지, 여기 새 면도칼이 있군!'

반가워하며 비닐 봉지를 뜯어내고는 거품이 묻어 있는 얼굴에 새 면도칼을 '쓱' 하고 가져갑니다.

그 순간입니다!

'앗' 순식간에 얼굴에 피가 흘러내렸습니다. 잘 드는 새 면도칼이 얼굴에 상처를 입힌 것입니다.

나는 조심스럽게 면도를 마친 후에 약속 장소로 향해 가면서 이런 생각을 하게 됩니다.

'꼭 새것, 잘 드는 칼이라고 좋은 것은 아니군!'

그날은 온종일 조금은 부족해도 쓰기 편한 '익숙함'에 대한 고마움을 생각해 보았습니다.

> 거만한 사람을 책망하지 말아라. 그가 너를 미워할 것이다. 너는 오히려 지혜 있는 자를 책망하라. 그러면 그가 너를 사랑할 것이다
> (잠 9:8-9, 현대인의성경).

우리는 모두 다 탁월한 것을 선망합니다. 그리고 탁월해지기를 원합니다. 하지만, 꼭 탁월한 것이 좋은 것만은 아닙니다. 나의 '탁월함'이 나에게, 그리고 남에게 상처를 줄 수도 있기 때문입니다.

나의 탁월함이 '온유함'으로 '절제'되어 있지 않으면, 오히려 나와 주위 사람들에게 큰 불행입니다. 잘 드는 '명도'는 반드시 '칼집'에 꽂혀 있어야 합니다.

나의 탁월함이 칼집에 잘 꽂혀 있는지….

오늘은 나 자신의 탁월함을 잘 관리하기….

오늘의 묵상 말씀

잠언 9:8-9

8 거만한 자를 책망하지 말라 그가 너를 미워할까 두려우니라 지혜 있는 자를 책망하라 그가 너를 사랑하리라
9 지혜 있는 자에게 교훈을 더하라 그가 더욱 지혜로워질 것이요 의로운 사람을 가르치라 그의 학식이 더하리라

Proverbs 9:8-9

8 Do not rebuke a mocker or he will hate you; rebuke a wise man and he will love you.
9 Instruct a wise man and he will be wiser still; teach a righteous man and he will add to his learning.

21. 냉장고를 부탁해

오후 서너 시가 되어 배가 출출해져 옵니다. 부엌 테이블 위에 식빵이 놓여 있는 것을 보고 '냉장고를 부탁해'라는 프로그램이 생각났습니다. 프라이팬을 데우기 시작합니다.

냉장고에서 마가린을 꺼내어 들고 능숙한 손놀림으로 프라이팬에 녹여 냅니다. 그리고 식빵을 굽기 시작합니다.

고소한 냄새가 코를 찌릅니다. 마가린이 적당히 식빵에 베어갈 무렵, 이번에는 설탕이 들어 있는 통에서 설탕을 손으로 어느정도 집어 들고서 식빵 위에 멋지게 뿌려봅니다.

별것 아니지만, 난 훌륭한 요리사입니다.

기분이 좋아집니다. 예쁜 접시에 갓 구어 낸 빵을 담고 따뜻한 커피 한 잔과 음악도 곁들여 봅니다. 완벽히 준비가 다 끝났습니다. 난 식탁에 앉아 흡족한 미소를 한 번 짓고는 이제 막 입안으로 이 멋진 요리를 가져갑니다.

그때입니다!

순간 '우웩!' 하고 식빵을 뱉어 버렸습니다.

이걸 어째!

아까 듬뿍 멋지게 뿌려댄 것이 설탕이 아니라 고은소금이었습니다.

> 깨끗한 사람들에게는 모든 것이 깨끗하지만 더러운 자들과 믿지 않는 자들에게는 아무것도 깨끗한 것이 없고 오히려 그들의 마음과 양심은 더러워져 있습니다(딛 1:15, 현대인의성경).

깨끗한 자들에게는 모든 것이 깨끗하다는 의미가 무엇일까요?

> 나 같은 죄인 살리신 그 은혜 고마워
> 잃었던 생명 찾았고 광명을 얻었네.
> - 새찬송가 305장 1절 -

십자가의 보혈로 거듭난 자들의 한결같은 고백입니다.

우리는 모두 이 '은혜'를 통해 '깨끗함'을 입은 사람들입니다. 이 큰 은혜를 경험한 사람들은 주어진 모든 삶이 감사이고 기쁨입니다.

그리고 나 같은 죄인도 용서하심을 고백하면서 다른 이가 받은 그 은혜를 함께 기뻐하게 됩니다. 그래서 깨끗한 자들에게는 모든 것이 다 깨끗합니다.

하지만, 아직 은혜를 경험하지 못한 사람은 자신의 마음에 세워 놓은 '높은 잣대'에 매달려 자신과 남을 '정죄' 합니다. 그리고 스스로 파놓은 수렁에 빠져 자유와 안식이 없는 삶을 살아갑니다.

그래서 더러운 자들에게는 모든 것이 다 더러운 것입니다.

'설탕'과 '소금'은 잘 구별이 되지 않습니다.
하지만, 먹어 보면 압니다.
은혜가 빠진 신앙은 소금을 뿌린 식빵과도 같습니다.
뱉어 버릴 수밖에 없는….
오늘은 하나님의 은혜로 서기….

오늘의 묵상 말씀

디도서 1:15

깨끗한 자들에게는 모든 것이 깨끗하나 더럽고 믿지 아니하는 자들에게는 아무 것도 깨끗한 것이 없고 오직 그들의 마음과 양심이 더러운지라

Titus 1:15

To the pure, all things are pure, but to those who are corrupted and do not believe, nothing is pure. In fact, both their minds and consciences are corrupted.

22. 오십 대 중년

어느 50대 중년 성도님이 노크하고 들어와 이렇게 말합니다.

전에는 정말 몰랐습니다. 그런데 제가 가난해져 보니 정말 가난한 자의 '불편함'이 무엇인지 알게 되었고, 외면당해 보니 외면당한 자의 '아픔'을 알게 되었고, 홀로 되어 보니 홀로된 자의 '슬픔'이 무엇인지 알게 되었습니다.
그리고, 이제야 비로소 알게 되었습니다.
아파보고 나서야 정말 아픔 가운데 있는 자의 '고통'을 알게 되었고, 실패해 보고 나서야 실패한 자의 '눈물'을 볼 수 있었으며, 절망 가운데 하얀 밤을 지새워 보고서야 절망 가운데 있는 자의 '두려움'이 얼마나 큰 것인지 알게 되었습니다.

떨리던 그의 음성이 멈췄을 때, 저는 조심스럽게 말했습니다.

성도님, 이것이 당신에게 위로가 되었으면 합니다. 당신이 아파하기 전 이미 당신의 모든 아픔을 알고 계신 분이 있습니다. 그분은 바로 주님이십니다. 주님은 당신을 지으신 분이십니다.

그래서 그분은 당신의 고독, 절망, 외로움, 아픔과 상처를 너무 잘 아십니다. 이것이 주님이 우리의 진정한 '위로자'가 되시는 이유입니다. 주님은 처음부터 지금까지 우리와 늘 함께하셨습니다.

많이 아프시죠?

하지만, 힘내세요.

주님 손을 붙잡으세요.

성도님, 그런데 말이에요. 지금 성도님이 매우 아프시겠지만, 주님이 당신을 위해 당한 십자가의 고통에 비하면 당신의 아픔은 주님의 옷깃을 스치는 아픔에도 미치지 못합니다.

여러분은 하나님 대문에 그리스도 예수님 안에 있게 되었는데 예수님은 하나님께로부터 와서 우리의 지혜가 되셨고 또 우리를 의롭게 하고 거룩하게 하며 우리 죄값을 지불하여 우리를 구원해 주신 분이십니다(고전 1:30, 현대인의성경).

우리의 연약함을 너무나 잘 아시는 주님은 오늘도 아무 말 없이 나의 십자가를 대신 지고 내 곁에 서 계십니다. 그리고 주님은 우리를 온전하고 의롭다고 선언하십니다. 늘 허물과 죄와 실수투성이였던 제 인생을 바라봅니다.

주님이 십자가를 져주셨으니 '천만다행'입니다.

오늘은 주님 곁에 서 있기….

오늘의 묵상 말씀

고린도전서 1:30

너희는 하나님으로부터 나서 그리스도 예수 안에 있고 예수는 하나님으로부터 나와서 우리에게 지혜와 의로움과 거룩함과 구원함이 되셨으니

1 Corinthians 1:30

It is because of him that you are in Christ Jesus, who has become for us wisdom from God that is, our righteousness, holiness and redemption.

23. 중고 세탁기

　세탁기가 고장이 났습니다. 빨래가 밀리기 시작합니다. 세탁기 가격을 알아보니 만만치 않습니다. 중고 세탁기를 알아보려 '중고 물품 가게'에 갔습니다.

　여직원이 먼저 우리 집 세탁기의 기종과 연식을 물어봅니다. 소개하는 물품들이 마음에 안 들어서 고민하는 저를 보더니 여직원이 말합니다.

　"지금 손님이 쓰시고 있는 세탁기나 우리가 파는 중고 세탁기나 연식이 비슷해요."

　그리곤 주위를 둘러보더니 작은 목소리로 말합니다.

　"이렇게 이야기하면 사장님한테 혼나겠지만, AS 센터에 전화해서 고쳐 사용하세요. 모터가 고장이 나지 않는 한 큰돈이 안 들어갈 거예요."

　저는 그 자매님의 말대로 집에 와서 AS 센터에 전화를 걸었습니다. 1시간 만에 AS 담당자가 출장을 나오더니 세탁기를 뒤집어 봅니다.

　"아 이거 '기동 콘틴서'가 노후가 돼서 고장 났네요!"

　"이거는요…, 마치 자동차의 스타트 모터 같은 건데요. 메인 모터를 돌리기 위해 예비 전력을 미리 생산해 내는 겁니다. 출장비까지 '48,000원'입니다."

음, 저는 속으로 생각했습니다.
'콘덴서 하나만 갈면 될 것을 수십만 원 날릴 뻔했군!'
널려 있는 빨래 사이로 그 고마운 중고 물품 가게의 여직원 얼굴이 떠오릅니다.

> 여호와는 나의 힘과 나의 방패시니 내가 그를 신뢰하여 도움을 얻었다. 그래서 내가 크게 기뻐하며 그에게 찬송으로 감사하리라 (시 28:7, 현대인의성경).

세탁기의 메인 모터를 돌리기 위한 '기동 콘덴서'와 자동차의 메인 동력을 가동하기 위해 미리 돌려주는 '스타트 모터' 하나가 고장 나니, 세탁기나 자동차나 완전히 서버리는 구나!

우리 신앙과 삶에 있어서 '기동 콘덴서'와 '스타트 모터' 같은 것은 무엇이 있을까요?

시편의 기자 다윗은 "하나님은 나의 힘이라"고 고백합니다.

네, 주님은 우리의 능력이시오, 반석이시며 구원의 뿔이십니다!

주님을 만나는 기도, 주님을 부르는 노래, 주님께 나아가는 무릎, 주님을 생각하는 묵상, 주님을 향해 든 두 팔, 이런 것들이 우리 삶의 '기동 콘덴서'가 아닐까 생각이 듭니다.

여러분의 '기동 콘덴서'는 어떠신가요?

오늘 하루, 기동 콘덴서 살펴보기….

오늘의 묵상 말씀

시편 28:7

여호와는 나의 힘과 나의 방패이시니 내 마음이 그를 의지하여 도움을 얻었도다 그러므로 내 마음이 크게 기뻐하며 내 노래로 그를 찬송하리로다

Psalms 28: 7

The Lord is my strength and my shield; my heart trusts in him, and I am helped. My heart leaps for joy and I will give thanks to him in song.

24. 어른아이

전철을 타고 약속 장소로 향합니다. 그날따라 사람들이 전철 안에 빽빽합니다.
'음, 사람들이 많군!'
눈을 감고 흔들리는 전철에 몸을 맡기고 리듬을 타 봅니다.
'흔들흔들, 덜커덕 덜커덕, 흔들흔들, 덜커덕 덜커덕.'
오호! 흔들리는 전철에 몸을 맡기는 것도 제법 재미있습니다.
잠시 후, 눈을 감은 실눈 사이로 빈자리가 보입니다.
'옳지, 저기에 가서 앉아야겠다!'
신속히 다가가 앉으려는 순간 저는 깜짝 놀라 얼어 버립니다. 그 빈 의자 위로 무엇인가 잔뜩 진열되어 있습니다.
'트랜스포머 장난감'입니다!
나이 한 20대 후반 건장한 남자 청년이 그 장난감으로 로봇끼리 박치기시키고 사자로 변형시키더니 미사일 발사하고 효과음 소리를 질러대고 난리입니다.
"에잇, 앗싸, 피웅, 크와앙!"
주위에 처녀들, 아주머니들, 아저씨들이 신기하게 이 모양을 지켜봅니다. 저도 그 자리에 얼어붙은 듯 이 광경을 지켜봅니다.
"풍앙, 씨씨웅, 으악!"

미사일을 쏘고 죽는 시늉까지 합니다.
'장가가야 할 나이에 저러고 있다니….'
그 광경을 지켜보는 모든 사람의 얼굴엔 하나같이 근심이 가득합니다.

> 게 되면 우리가 다 하나님의 아들을 믿고 아는 일에 하나가 되고 성숙한 사람이 되어 그리스도의 완전하신 충만이까지 이르게 될 것입니다(엡 4:13, 현대인의성경).

"완전하신 충만에까지 이르게 된다"란 그리스도의 형상에 이르는 성장과 성숙을 의미합니다. 나이에 맞게 주님을 '믿는 것'과 '아는 것'이 자라나는 것입니다. 성장이 멈추었다는 것은 슬픈 일입니다.
'겉모습은 어른인데 성장이 멈춰서 하는 행동이나 생각이 어린아이와 같은 우리의 모습을 보며 주님은 얼마나 슬퍼하실까?'
이렇게 생각해 봅니다.
'자기만족에 취한 어른아이(adult-child)'의 모습….'
자기만족에서 벗어나 교회도, 기업도, 자녀도, 신앙도, 인격도, 성장하고 성숙해야 할 것입니다.
성숙의 가장 큰 걸림돌은 어설픈 자기만족입니다.
늘어난 몸무게를 달아보고 화들짝 놀랠 일이 아닙니다.
오늘 하루, 나의 그리스도의 분량 재보기….

오늘의 묵상 말씀

에베소서 4:13

우리가 다 하나님의 아들을 믿는 것과 아는 일에 하나가 되어 온전한 사람을 이루어 그리스도의 장성한 분량이 충만한 데까지 이르리니

Ephesians 4:13

until we all reach unity in the faith and in the knowledge of the Son of God and become mature, attaining to the whole measure of the fullness of Christ.

25. 다리 밑 '애가'

내가 아주 어렸을 때 어느 날 '고모'가 이야기합니다.

이거 비밀인데 너 갓난아기 때 다리 밑에서 주어왔어!
그게… 용산에 가면 삼각지가 있는데 거기 다리 밑이야.
아직도 네 진짜 엄마가 거기에 살고 계신단다.
널 잘 키워 달라고 네 진짜 엄마가 편지를 함께 써 놓았더라!

이쯤 되니, 전 그때부터 심각해집니다. 곰곰히 생각해 보니, 부모님하고 나하고 전혀 안 닮았습니다. 그리고 유난히 날 사랑해 주시는 이유가 '너가 주워 온 아이라 불쌍해서 잘 대해 주시는 것이었구나'라는 생각이 듭니다.

그리고 '아버지가 얼마 전 저를 유난히 엄하게 야단치시며 머를 든 이유가 다 이것 때문이었구나!'라고 생각하니, 이젠 정말 심각해집니다. 고도에게 날 주워 온 다리가 어디며, 거기에 아직도 그 어머니가 살고 있냐고 눈물을 흘리며 묻습니다.

고모는 "그렇다"라고 제게 말해 줍니다. 그리고 얼마 전, 네가 학교에 갔을 때 집으로 널 찾아왔었다고 눈물을 글썽거리며 말해 주십니다. 그리고 고모는 귀를 쫑긋하고 눈이 똥그래져서 이 이야기를 듣고 있던 제 동생들을 가리키며 이렇게 말합니다.

"사실은 여기 네 동생도 그때 같이 데리고 온 거야!"

자신들은 아닐 것이라고 안심하고 있던 동생들에게 이게 무슨 날벼락입니까?

옆에 있던 동생들이 뒤로 나가자빠지며 대성통곡을 합니다.

그때야 고모 하는 말, "뻥이야! 거짓말인데!"

> 자기 모습을 닮은 사람, 곧 남자와 여자를 창조하셨다(창 1:27, 현대인의성경).

> 너는 내 아들이다. 오늘 내가 너를 낳았다(시 2:7b).

하나님은 우리의 '아버지' 되십니다. 자식이 부모를 닮지 않으면 '아들'과 '딸'이 아닙니다. 우리는 모두 주님의 자녀입니다.

하지만, 주님의 모습이 우리 안에 드러나지 않는 이유는 무엇일까요?

그것은 나의 '불순종' 때문입니다. 나의 불순종이 그분을 제한하고 있는 것입니다.

'순종의 지표'가 '능력의 지표'가 됩니다.

당신이 하나님의 아들과 딸임을 보여 주세요!

오늘 하루, 아버지 닮기….

오늘의 묵상 말씀

창세기 1:27

하나님이 자기 형상 곧 하나님의 형상대로 사람을 창조하시되 남자와 여자를 창조하시고

Genesis 1:27

So God created man in his own image, in the image of God he created him male and female he created them.

26. 설거지 미학

　가끔 설거지를 합니다. 설거지를 하고 나면 기분이 좋아집니다.
　닦인 접시며, 그릇이며, 컵이며, 잘 포개어 군인들을 사열대에 세우듯이 열을 맞추어 정돈합니다.
　참 보기 좋습니다. 모두 다 새것이 된 것 같아 뿌듯해집니다.
　그리고 생각해 봅니다.
　'이런 기분 때문에 아내가 힘들어도 주방에서 일하는구나!' 라고 생각해 봅니다.
　기분입니다. 내친김에 가스레인지 삼발이를 걷어 내고는 구석구석 가스레인지 주위도 닦습니다. 주방에서 광채가 납니다.
　퇴근하고 집으로 돌아오는 딸에게 자랑삼아 주방을 가리키면서 "아빠가 설거지했다"라고 하자, 딸이 저에게 웃으면서 말합니다.
　"오우, 완전 깨끗하네요!
　앗, 가스레인지까지…, 아빠 수고했어요!"
　저는 딸의 칭찬에 으쓱해집니다. 그런데 딸이 가만히 주방을 자세히 살펴보더니 저에게 이렇게 말합니다.

그런데 아빠, 설거지 다 한 뒤에는 꼭 위생상 행주와 수세미는 깨끗이 빨아 놓아야 해요. 그리고 설거지는 앞쪽도 중요하지만, 그릇 뒤쪽 바깥도 잘 닦아야 해요. 그래야 포갠 다음 그릇도 깨끗해요!

너희는 기도할 때 위선자들처럼 하지 말아라. 그들은 사람에게 나타내려고 회당과 걸거리에 서서 기도하기를 좋아한다. 내가 분명히 말해 두지만 그들은 받을 상을 이미 다 받았다(마 6:5, 현대인의성경).

'위선'(외식, 개역개정)이란 다른 말로 표현하면 '표리부동'(表裏不同)입니다. 겉과 속이 다름을 말합니다.
'기만'이고 '은폐'입니다.
아닌 것처럼 하는 것이고, 안 한 것처럼 속이는 것입니다.
주님이 바리새인의 외식을 안타까워하시고 경멸하셨던 이유는 외식함으로 죄의 무덤에 스스로 자신을 가둔 것과 외식함으로 이웃을 실족케 한 것이라고 말씀하십니다.
외식하는 자는 치유함과 회복의 은혜를 누릴 수 없습니다. 왜냐하면, 하나님은 정직한 사람의 영 가운데 역사하시기 때문입니다. 나아만의 치유는 '체면의 옷'을 벗고 요단강에 몸을 씻었기에 일어난 치유입니다.
눈에 보이지 않는 것이 눈에 보이는 것의 시작입니다. 감춘 '나의 뒷모습'이 나와 포개져 있는 '내 가족의 행복, 나의 이웃의 시작'을 결정할 수 있습니다.
오늘 하루, 나의 뒷모습도 살펴보기….

오늘의 묵상 말씀

마태복음 6:5

또 너희는 기도할 때에 외식하는 자와 같이 하지 말라 그들은 사람에게 보이려고 회당과 큰 거리 어귀에 서서 기도하기를 좋아하느니라 내가 진실로 너희에게 이르노니 그들은 자기 상을 이미 받았느니라

Matthew 6:5

And when you pray, do not be like the hypocrites, for they love to pray standing in the synagogues and on the street corners to be seen by men. I tell you the truth, they have received their reward in full.

27. 슈리페어

아침에 현관에 놓여 있는 더러운 구두를 보고 있다가 신발장에서 구둣솔과 구두약을 꺼내 들고 구두를 닦습니다. 구두를 닦노라니 미국에서 함께 교회를 잘 섬겨 주셨던 집사님이 생각납니다.

그 집사님은 '슈리페어 가게'(구두수선점)를 운영하셨습니다. 그날도 집사님 가게에 심방을 가서 기도를 해 드리고 이런저런 담소를 나누고 나오려 하는데, 집사님이 저에게 구두 두 세 켤레를 꺼내 놓으며 이야기합니다.

"전도하시느라 신발이 다 닳고 헤어진 것을 보고 마음이 아팠는데, 마침 손님이 1년 넘게 안 찾아간 물건이 있어서 처분해도 되는 것입니다. 목사님 드리려고 깨끗이 수선했으니, 한번 신어 보세요!"

저는 내놓은 구두를 기쁨으로 신어 봅니다.

어허, 그런데 이걸 어찌합니까?

신을 신고 몇 발자국 걷는데 신발이 좀 컸던지 뒤 굽이 홀러덩, 고삐 풀린 당아지 모양입니다. 그 모습을 본 집사님이 "신발 잠깐 벗어보세요"라고 하더니 구두 뒤꿈치 부분에 가죽을 덧대어 줍니다.

신기하게도 신발이 꼭 맞습니다. 집사님께 감사하는 마음을 전하고 제 낡은 구두는 그 가게에 벗어 놓고 신발을 신고 나옵니다.

"집사님, 이 신발 너무 좋은데요, 디자인도 참 좋구요!"

비록, 새 구두는 아니었지만, 전 그 구두가 좋았고 자랑스러웠고 신을 때마다 늘 힘이 났습니다. 왜냐하면, 그 구두는 제 '마음에 맞춘 구두'이고 제 '마음을 알아주는 구두'이기 때문입니다.

이런 구두 한 켤레씩 다 있으신가요?

> 그러므로 누구든지 그리스도 안에 있으면 새로운 존재입니다. 옛 사람은 없어지고 새 사람이 된 것입니다(고후 5:17, 현대인의성경).

하지만, 여전히 우리는 새것이 아닙니다. 우리는 옛사람에 머물러 있고 쓴 뿌리투성이지만, 그런 우리에게 주님은 당신의 피로 그리고 예비하신 그의 의의 옷을 입혀주시며 우리를 의롭고 새롭다고 하십니다.

그리고 주님은 우리를 그의 은혜의 강가로 초대하시어 우리의 영혼과 몸을 씻겨주십니다. 그리고 우리가 '거룩하다'라고 선포하십니다. 우리의 거룩함은 우리의 의에서 비롯된 것이 아닙니다. 우리의 거룩함은 주님의 '은혜' 때문입니다.

우리가 누리는 은혜는 우리의 자격과 공로가 아니라 십자가입니다. 여러분과 제가 장차 그날 주님 앞에 설 이유입니다.

오늘 하루, 은혜 안에 서기….

오늘의 묵상 말씀

고린도후서 5:17

그런즉 누구든지 그리스도 안에 있으면 새로운 피조물이라 이전 것은 지나갔으니 보라 새 것이 되었도다

2 Corinthians 5:17

Therefore, if anyone is in Christ, he is a new creation; the old has gone, the new has come!

28. 은쟁반 금사과

교회에서 공사 때문에 남녀가 함께 화장실을 사용하던 적이 있었습니다. 혹시 화장실에서 여자 성도님들과 마주치면 서로 민망할까 봐 걱정됩니다. 그래서 화장실에 들어갈 땐 꼭 문을 잠급니다. 그리고 문을 잠근 사이 성도님이 문을 열려 할 땐 헛기침을 냅니다.

그날도 저는 예배 시작 20분 전에 화장실에 들어갑니다.

인기척이 납니다.

"으흠, 흠…."

그러나 헛기침도 무색하게 문이 활짝 열리더니 우리 여자 집사님, 벌써 예비 동작을 취하면서 뛰어들어 오십니다.

아마도 문이 잘 안 잠긴 모양입니다. 아 글쎄, 우리는 그렇게 서로 눈이 마주칩니다. 그리고 정말, 우리는 서로 너무 놀랐습니다. 얼떨결에 당황한 저는 반사적으로 말해버립니다.

"어서 들어오세요."

그 여자 집사님은 얼굴이 빨개지면서 황급히 나가십니다. 저는 또 화장실을 나가는 집사님을 향해 집사님을 위한답시고 얼떨결에 인사합니다.

"늘 승리하세요."

저는 화장실에서 혼자 생각해 봅니다.

그 상황에서 "어서 들어오세요"는 무슨 말이며, 나가시는 집사님께 "늘 승리하세요"는 무슨 말입니까?

도대체 말이 하나도 안 맞습니다.

> 경우에 적합한 말은 은쟁반에 올려 놓은 금사과와 같다(잠 25:11, 현대인의 성경).

"경우에 적합하다"(합당하다, 개역개정)라는 것은 '타이밍'입니다.

> 범사에 기한이 있고 천하 만사가 다 때가 있나니(전 3:1).

때에 맞추어 시작하고, 때에 맞추어 일하고, 때에 맞추어 내려놓고, 때에 맞추어 말하고, 때에 맞추어 침묵할 수 있는 것이 얼마나 큰 지혜입니까?

시기적절한 타이밍은 마치 '보물 창고의 열쇠'와 같습니다. 은쟁반 위에 올려 있는 나의 사과가 '금사과'인지 '독사과'인지는 '타이밍'에 달려 있습니다. 하지만, 이 타이밍은 적절한 시간을 찾는 것도 기다리는 것도, 아닙니다. 사실 타이밍이란 본래 없습니다.

하나님 안에 거하는 것, 그 자체가 타이밍입니다!

오늘 하루 타이밍을 구하기….

오늘의 묵상 말씀

잠언 25:11

경우에 합당한 말은 아로새긴 은쟁반에 금 사과니라

Proverbs 25:11

A word aptly spoken is like apples of gold in settings of silver.

29. 코인 노래방

늦은 밤 상갓집에 문상을 왔는데 아들에게서 전화가 옵니다.
"아빠 어디세요?"
"어! 아들! 아빠 지금 상갓집에 와 있어!"
"아 그러세요?
아빠 그럼 언제 오세요?
오래 걸리세요?"
"아니 이제 막 끝났어, 이제 상갓집에서 나가려고!"
"아! 네, 그러세요!
아빠, 지금 이야기하기 좀 그런데요.
아빠! 나 이야기해도 되죠?"
아들이 뜸을 들입니다.
"그럼, 되고 말구"
대답을 하면서 무슨 일이 잘못되었나 싶어 걱정이 듭니다.
그때 아들 왈….
"지금 복면가왕 보다가 너무 감동을 받았어요!
지금 노래가 너무 하고 싶어서 전화했어요!
아빠! 우리 노래방 가요!

'코인 노래방'이라고 있는데 500원에 한 곡, 1,000원에 세 곡을 부를 수 있는 노래방에 같이 가요!"

그날 밤 11시에 아들과 노래방에 갔습니다. 정말 오랜만에 아들과 기분 좋은 시간을 보냈습니다.

그것 아세요?

제가 기분 좋았던 것은 우리 아들이 노래를 잘 해서도, 내가 그 시간 노래가 부를 수 있어서도 아닙니다.

그 이유는 우리 아들이 날 좋아해서입니다!

그리고 저는 말이에요….

우리 아들이 언제든지 허물없이 노래하자고 불러낼 수 있는 '그런 아빠'라는 게 너무 행복합니다.

> 의로운 자들아, 여호와께서 행하신 일로 기뻐하고 즐거워하여라. 마음이 정직한 자들아, 기쁨으로 외쳐라(시 32:11, 현대인의성경).

하나님의 아들과 딸이 된 우리가 하나님 아버지가 행하신 일로 즐거워하고 기뻐하는 것을 주님께서도 얼마나 기뻐하시고 즐거워하시는지 '자식'을 키워보며 깨닫게 됩니다.

우리가 정말 하나님을 바라보며 즐거워하고 기뻐합니까?

하나님 아버지는 오늘도 우리의 구원과 생명이시며, 능력과 소망이시며, 은혜와 진리이십니다. 그래서 하나님께 나아가는 모든 자녀를 충만하게 하십니다.

그런데 주님께 나아가는 우리의 모습을 보면 불행하게도 얼굴에 기쁨과 즐거움을 찾아보기 힘듭니다. 너무 우울하고 심각합니다.

왜일까요?

그 이유는 단순합니다.

그것은 '아직 좋으신 하나님을 깨닫지 못했거나, 하나님이 좋으신 분이심을 잊었거나' 입니다.

여러분은 얼마나 주님을 바라보며 즐거워하십니까?

오늘은 그분을 즐거워하며….

오늘의 묵상 말씀

시편 32:11

너희 의인들아 여호와를 기뻐하며 즐거워할지어다
마음이 정직한 너희들아 다 즐거이 외칠지어다

Psalms 32:11

Rejoice in the LORD and be glad, you righteous;
sing, all you who are upright in heart!

30. 상처 치유제

발꿈치가 갈라져 걸을 때마다 매우 불편합니다. 구급약 통에는 그 흔한 '바셀린'이나 '안티푸라민' 하나도 눈에 보이질 않습니다. 그때 약통 안에서 날 써보라고 손짓하는 한 연고가 있습니다.

'무좀약'입니다!

'이 상처는 갈라지는 무좀 때문일지도 몰라' 하고 중얼거리며 무좀약을 듬뿍 바르고 잠이 듭니다.

다음날 아침, 이게 뭔 일입니까?

상처가 더 심해져서 쓰라리고 아파옵니다. 이때 다시 날 쳐다보며 윙크하는 한 연고가 보입니다.

'치질약'입니다!

'주인님! 민감한 부위에 제가 직방인 것 아시죠?'

그날 밤 저는 정성스럽게 약을 바르고 잠이 듭니다. 다음날 아침, 기대감을 갖고 발뒤꿈치를 살펴봅니다.

그런데 "헐!" 이게 무슨 일입니까?

갈라진 두 꿈치에서 이젠 피가 나고 상처는 더욱 깊어졌습니다. 바로 이때, 선반 어두운 구석에서 "주인님 왜 저를 못 보셨나요?" 하며 눈물짓는 한 연고가 보입니다.

그녀는 다름 아닌 '상처 치유제!'

저는 얼른 상처 치유제 연고를 가져다 바릅니다. 그리고 그 다음날 아침이 되었습니다. 신기하게도 상처가 아물어 있었습니다.

'약이라고 다 약이 되는 게 아니구나!'

성경은 오직 예수 그리스도의 이름을 우리에게 소개하고 있습니다.

> 다른 이에게서는 구원을 얻을 수 없습니다. 하늘 아래에 우리가 구원받을 수 있는 다른 이름이 인간에게 주어진 일이 없기 때문입니다 (행 4:12, 현대인의성경).

> 예수께서 이르시되 내가 곧 길이요 진리요 생명이니 나로 말미암지 않고는 아버지께로 올 자가 없느니라(요 14:6).

예수 그리스도, 그분만이 '길'이십니다.

'열쇠'는 얼마든지 있습니다. 하지만, 그 '자물쇠를 여는 열쇠'는 '오직 하나'입니다. 인생을 살면서 가장 범하기 쉬운 실수는 맞지 않는 열쇠를 고집하다가 자물쇠도 버리고, 열쇠도 부러지는 것입니다.

목회도, 사업도, 학업도, 가정 생활도, 그리고 신앙도 다 마찬가지입니다. 우리의 삶에는 다 맞는 열쇠가 따로 있습니다.

지금 손에 들고 있는 열쇠는 맞는 열쇠입니까?

오늘은 우리의 삶에서 맞는 열쇠 찾기….

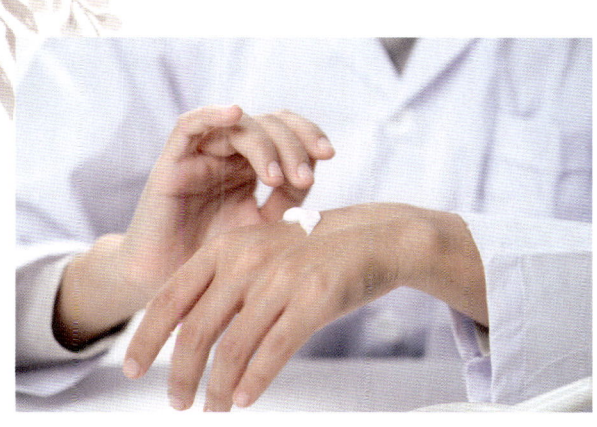

오늘의 묵상 말씀

사도행전 4:12

다른 이로써는 구원을 받을 수 없나니 천하 사람 중에 구원을 받을 만한 다른 이름을 우리에게 주신 일이 없음이라 하였더라

Acts 4:12

Salvation is found in no one else, for there is no other name under heaven given to men by which we must be saved.

제3부
겨울날 봄 바라기

모자람이 은혜의 완성입니다

1. 주름 계급장

　세수하고 거울을 들여다봅니다. 그곳에 웬 낯선 중년 남자가 나를 쳐다보고 있습니다. 마음은 청춘인데 세월은 얼굴 이곳저곳에 지워지지 않는 '주름이란 계급장'을 달아 놓았습니다.
　'일만 번 접혀질 때 생기는 것'이 주름이라고 누가 그러던데, 내 얼굴을 무엇이 이리도 많이 주름지게 했을까요?
　이마 주름, 미간 주름, 눈가 주름, 팔자 주름, 목 주름….
　거울 저 건너편에 눈을 동그랗게 뜨고 날 쳐다보는 그 중년에게 전 타이르듯이 말합니다.
　"아저씨, 이제 그만 좀 주름피며 사시죠!
　웃으시면 주름이 펴진다잖아요!
　웃어보세요!
　그래요, 아주 좋아요!
　그렇게 웃으시니까 참 좋잖아요?
　이러시다가 진짜 '할아버지' 되십니다!"
　어느덧 거울 속에서 웃고 있는 중년 남성의 얼굴에서 제 얼굴이 보이기 시작합니다. 거울 속에서 날 쳐다보고 있는 그에게 저는 윙크를 한번 날려봅니다.

그리고 이렇게 말해 줍니다.
'사랑한다, 수고 많다!
지금까지 너 참 잘 했왔어!
오늘도 많이 웃자!
즐겁고 신나게 알았지?'

> 나는 너희에게 평안을 주고 간다. 이것은 내가 너희에게 주는 내 평안이다. 내가 주는 평안은 세상이 주는 것과는 다르다. 너희는 마음에 근심하지 말고 두려워하지도 말아라(요 14:27, 현대인의성경).

모든 근심과 염려와 두려움은 땅에서부터 시작되는 것이지만 주님이 주시는 '평안'은 하늘로부터 임하는 '하나님의 선물'입니다.

이 선물은 주님 앞에 나아오는 모두에게 허락하신 은혜입니다. 그러나 허락되었다고 이 평안을 누구나 누릴 수 있는 것은 아닙니다.

왜일까요?

그것은 주님께 온전히 맡겨드리지 못했기 때문입니다.

> 너희 염려를 다 주께 맡기라 이는 그가 너희를 돌보심이라(벧전 5:7).

결국, '평안'은 주님께 맡기는 '믿음'으로 누리는 '축복'입니다. 이 세상에서 가장 미련한 자는 자기가 자신의 인생의 주인이라고 생각하는 사람입니다.

오늘은 자기 위로하기….

오늘의 묵상 말씀

요한복음 14:27

평안을 너희에게 끼치노니 곧 나의 평안을 너희에게 주노라 내가 너희에게 주는 것은 세상이 주는 것과 같지 아니하니라 너희는 마음에 근심하지도 말고 두려워하지도 말라

John 14:27

Peace I leave with you; my peace I give you. I do not give to you as the world gives. Do not let your hearts be troubled and do not be afraid.

2. 심각한 질병

한 달 전부터 몸이 많이 피곤해지고 목이 뻐근해 옵니다. 피곤이 풀리지 않고 소화도 잘 안 됩니다. 아침에 일어나니 눈까지 충혈되어 있습니다.

몸에 무엇인지 이상 증세가 찾아왔음을 직감할 때쯤 목에 제법 큰 '혹'이 잡힙니다.

가로 세로 2센티 정도 되는….

'주여, 이건 뭡니까?'

병원에 가서 진찰을 받았습니다.

의사 선생님이 심각하게 말합니다.

"혹이 아주 큰데요!

항생제를 먼저 투여해 보고 일주일 뒤에 봅시다!

만약, 혹이 그대로 있으면, '대학병원'으로 가셔야 합니다.

수술하시는 게 좋겠습니다. 나쁜 것인지 아닌지는 그때 봅시다!"

집에 돌아와 하루, 이틀, 삼일, 약을 먹어도 차도가 없습니다.

몸은 점점 더 아파옵니다. 다시 약속한 일주일이 지나고 병든 몸을 이끌고 병원에 갑니다.

의사 선생님이 목의 이곳저곳을 만져 보고, 또 제 얼굴을 바라보고 하더니 놀란 표정을 지으며 고개를 좌우로 몇 번 가로젓습니다. 그리고 더 이상 말을 잇지 못합니다. 저는 가슴이 철렁합니다. 그리고는 의사 선생님이 진지하게 말합니다.

"선생님, 이렇게 목 밖으로 튀어나온 큰 '염증'은 처음입니다!

혹이 아니라 단순한 식도염으로 인한 염증 반응입니다. 붓기가 작아졌습니다. 약을 좀 드시면 다 낫겠는데요."

병원에서 돌아 나오는 길에 갑자기 쉬어있던 제 목소리는 청명해졌고 몸은 슈퍼맨입니다. 발걸음은 지구 끝이라도 갈 판입니다.

> 우리의 수명이 70이요, 강건하면 80이라도 그 모든 날이 수고와 슬픔뿐이요 신속히 지나가니 우리가 날아가는 것 같습니다(시 90:10, 현대인의 성경).

본문 말씀의 시편 90편은 150편의 시편 가운데 단 하나의 유일한 '모세의 시'입니다. 그리고 덧없이 흘러간 인생의 빠름과 허무를 신속히 "날아간다"라고 표현하고 있습니다.

누가 우리의 시간과 생명을 장담할 수 있겠습니까?

오늘을 허락하신 주님, 그리고 남겨진 삶을 허락하신 '주님' 외에 누가 알겠습니까?

오늘도 병원에서 사투를 벌이는 환자들과 무덤에서 잠자는 자들에게 우리의 나태함과 지루함, 그리고 그저 그렇게 보내는 단 하루가 '죄악'임을 우린 기억해야 합니다.

우울함과 근심으로 산 장수를 자랑하면 무엇하겠습니까?

주님께 맡겨드림이 가벼운 삶이 주는 기쁨과 자유함을 누리며 사는 길입니다.

오늘은 신나고 즐겁게 살기….

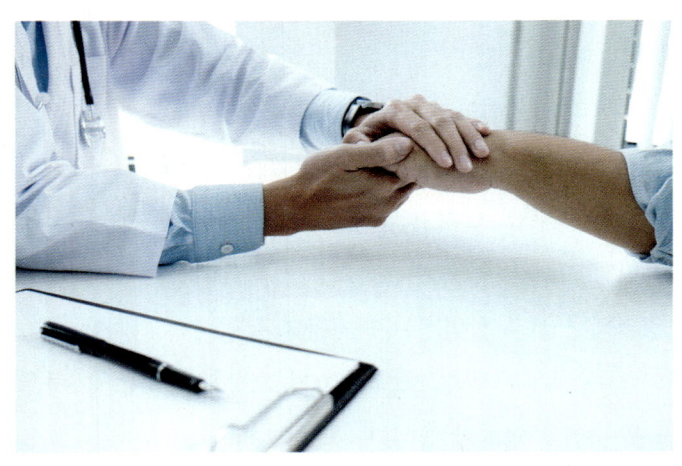

오늘의 묵상 말씀

시편 90:10

우리의 연수가 칠십이요 강건하면 팔십이라도 그 연수의 자랑은 수고와 슬픔뿐이요 신속히 가니 우리가 날아가나이다

Psalms 90:10

The length of our days is seventy years-- or eighty, if we have the strength; yet their span is but trouble and sorrow, for they quickly pass, and we fly away.

3. 통가슴살버거

저는 햄버거를 좋아합니다.

나도 모르게 이미 문을 열고 햄버거 가게 안으로 들어갑니다.

"통가슴살버거 세트로 해 주시구요. 그런데 콜라 대신 따뜻한 커피로 주세요. 먹고 갈게요."

직원이 준 주문 대기 진동 벨을 받아서 어디에 앉을까 뒤를 돌아봅니다. 20평 남짓 매장 안에 왼쪽은 텅 비어 있고, 오른쪽 한쪽으로는 서너 명의 고등학교 학생들, 그리고 그 옆 테이블에는 엄마랑 같이 앉아 있는 한 가족, 그리고 그 뒤로는 한 젊은 남녀가 정답게 각각 옹기종기 모여 앉아 있습니다.

그리고 그 사람들 사이에 빈 테이블 하나가 놓여 있습니다. 순식간에 머릿속에서 정리가 됩니다.

'사람 없는 쓸쓸한 곳보다 사람들이 모여 있는 저 사이에 앉고 싶다!'

저는 오른쪽으로 걸어가 그 사람들 사이에 조용히 앉았습니다. 그리고 흐뭇하게 미소를 지으며 햄버거를 기다립니다.

이제 내가 새로운 계명을 너희에게 준다. 서로 사랑하여라. 내가 너희를 사랑한 것처럼 너희도 서로 사랑하여라. 너희가 서로 사랑하면

모든 사람들이 그것을 보고 너희가 내 제자라는 것을 알게 될 것이다
(요 13:34-35, 현대인의성경).

"내가 너희를 사랑 한 것 같이"라는 말씀은 주님이 십자가를 지신 것 같이 입니다. 십자가를 질 때 비로소 너희가 내 제자임을 알라는 말씀입니다.

누구나 사랑을 원합니다. 홀로 있기 보다는 '사랑의 자리'에 앉아 있기를 원합니다. 그것이 '행복'이기 때문입니다.

그런데 그것 아시죠?

행복은 선물이 아니라 성취입니다.

행복하길 원한다면 기다리지 마시고 먼저 사랑하세요!

그러면 여러분의 빈자리에 사람들이 몰려들 것입니다.

사랑이 있는 곳에 행복이 있습니다.

오늘은 사랑하기….

오늘의 묵상 말씀

요한복음 13:34-35

34 새 계명을 너희에게 주노니 서로 사랑하라 내가 너희를 사랑한 것같이 너희도 서로 사랑하라
35 너희가 서로 사랑하면 이로써 모든 사람이 너희가 내 제자인 줄 알리라

John 13:34-35

34 A new command I give you: Love one another. As I have loved you, so you must love one another.
35 By this all men will know that you are my disciples, if you love one another.

4. 버블 베스 한두 방울

설 명절을 맞이하여 온 가족이 부모님 집에 갑니다.
부모님 집에서 하룻밤을 보내고 설날 아침 잠자는 아이들을 깨우며 어른들께 세배드리자고 보챕니다.
"애들아, 빨리 일어나!
할머니 할아버지께 세배드려야지!"
이불을 개고 방을 정돈하고 세수하러 세면대로 향합니다. 비누를 듬뿍 칠하고 얼굴에 거품을 문지르고 기분 좋게 거울을 보기 위해 고개를 듭니다. 그런데 그 순간 갑자기 허리가 삐끗하더니, 이러지도 저러지도 못하고 그대로 서 있습니다.
허리의 통증이 온몸으로 전해집니다. 간신히 벽을 붙잡고 욕실에서 나옵니다. 연휴 기간이라 병원은 모두 문을 닫았고 부모님 집에서 돌아온 저는 꼼짝없이 침대에 눕습니다.
얼마 뒤 딸아이가 방문을 두드리며 말합니다
"욕탕에 뜨거운 물 받아 놓았어요. 반신욕 한번 해 보세요!"
저는 그 소리에 겨우 일어나 욕실 문 앞에 다가섭니다.
그리고 욕실 문을 여는 순간 저는 깜짝 놀라 눈이 휘둥그레집니다. 뜨거운 물이 담긴 욕조 안에 빛나고 뽀얀 거품이 솜사탕처럼 한가득 담겨져 있습니다. 딸 아이가 눈이 휘둥그레지며 놀라는 저에게 눈을 찔끔대며 말합니다.

"아빠 그것 해 봐요. 좋아요."

옆에 있던 아들 녀석이 거품을 보더니 부러운 듯 말합니다.

"저거 아직 나도 한 번도 안 해 봤는데!

영화에 보면 저 거품 안에서 책도 읽고 그러더라?"

저는 욕조 안으로 들어갑니다.

그리고 딸 아이가 풀어놓은 거품에 몸을 담급니다.

기분이 좋아집니다.

존 덴버(John Denver)와 플라시도 도밍고(Plácido Domingo)가 부른 '아마도 사랑'(Perhaps Love, 1981)이 스마트폰으로 흘러나옵니다.

Perhaps love is like a resting place.

A shelter from the storm.

It exists to give you comfort.

It is there to keep you warm.

사랑은 아마도 폭풍 속에서도 피할 수 있는

쉼터와 피난처와 같아요.

그것은 당신에게 편안함을 주고

따뜻함 가운데 머물게 하기 때문이죠.

그러므로 무엇이든지 너희가 남에게 대접을 받고 싶거든 먼저 남을 대접하여라. 이것이 곧 율법과 예언자들의 가르침이다(마 7:12, 현대인의성경).

사람의 이기적이고 독선적일 수밖에 없는 본성을 꼬집으시면서 대접받고 싶으면, 먼저 대접하라고 권하시는 말씀입니다.

감동의 눈으로 쳐다보는 아빠에게 딸아이는 이렇게 말하고 자기 방으로 들어갑니다.

"아빠, 별거 아니에요!

버블 베스 몇 방울 넣어드린 것뿐인데요!"

저는 깨달음을 갖게 됩니다.

'대우를 받는다는 것이 이렇게 큰 감동이 될 수 있구나!'

주님은 십자가의 사랑으로 우리에게 최고의 대우를 해 주셨습니다.

우리가 어찌 누구를 이처럼 사랑할 수 있겠습니까?

하지만, 저도 마음만 먹으면 '버블 베스 몇 방울 정도'는 할 수 있을 것 같습니다. 버블 베스 몇 방울이 온통 욕조에 황홀한 비눗방울 거품을 만들듯이 우리의 작은 사랑의 실천이 위대한 '하나님의 나라'를 이룸을 꿈꾸어 봅니다.

오늘은 대우해 주기….

오늘의 묵상 말씀

마태복음 7:12

그러므로 무엇이든지 남에게 대접을 받고자 하는 대로 너희도 남을 대접하라 이것이 율법이요 선지자니라

Matthew 7:12

So in everything, do to others what you would have them do to you, for this sums up the Law and the Prophets.

5. 어깨에 있는 먼지

아버님께서 몸이 많이 안 좋아지셔서 온 가족이 아버님을 모시고 병원으로 향합니다. 엘리베이터를 타고 진찰실로 가는데 어머니가 엘리베이터 앞에서 잠시 제 어깨를 보더니 먼지를 털어줍니다.

저는 머쓱해 하며 어머니에게 말합니다.

"괜찮아요. 놔두세요."

옆에 있던 아버지가 저를 보시며 말씀하십니다.

"어깨에 있는 먼지는 터는 게 좋지!"

"아…, 네!'

병원에서 나와 부모님을 댁에 모셔다 드리는 길에 갈비탕 집에 들릅니다. 갈비탕이 나옵니다. 아버지는 식사하시기 전에 밥을 반을 덜어 저에게 건네주십니다.

"난 다 못 먹어!

자네 많이 먹게. 그리고 많이 먹고 힘내게!"

"아, 네!"

눈물이 핑 돕니다.

높은 산이 있었습니다.
높은 산은 퍼 주고 깎아 주고 하더니
작은 언덕이 되었습니다.

그리고 작은 언덕이 된 그는
또다시 쉬지 않고 퍼 주고 깎아 주고 하더니
이젠 낮은 평지가 되었습니다.

언제부터인가
이 높은 산이 퍼 주고 깎아 주기 시작하면서
그의 맞은편에는 새 작은 언덕이 생겼습니다.

맞은편 새 언덕은
계속 높아지고 높아지더니
이젠 높은 산이 되었습니다.

계속 퍼 주고 깎아 주던 높은 산은
이제 평지가 되어 그곳에 높은 산이 있었던 것을
아무도 기억하지 못합니다.

그 낮은 자리 한 곁엔
작은 연못이 생깁니다.
이 연못에 물고기가 헤엄치고 새들이 깃듭니다.

사람들이 찾아와 뱃놀이를 합니다.
사연을 아는 듯 누군가가 말합니다.
본래 이 자리에 큰 산이 있었다고.

연못 위에 큰 산이 비추어지고
이 연못가를 지나던 바람이 이 연못에게 속삭여 줍니다.
저 산이 옛 너의 모습을 너무 많이 닮았다고….

저는 지금 일평생 퍼 주고 깎아 주신 아버지라 불리는 높은 산, 그 산 앞에 서 있습니다.

자녀들은 부모에게 순종하십시오. 이것이 주님을 믿는 사람으로서 옳은 일입니다. '네 부모를 공경하라' 하신 말씀은 약속이 보장된 첫째 계명입니다. 그 약속은 계명대로 사는 사람이 복을 받고 오래 살게 된다는 것입니다(엡 6:1-3).

자식들은 내가 하는 그대로 보고 배웁니다.
뿌린 대로 거두는 것이죠!
왜 부모에게 공경하는 것이 가정이 복 되고 범사에 잘 되는지 깨닫게 됩니다. 나도 이젠 아비가 되어 자식들을 바라보면서 퍼 주고 깎아 주는 부모의 마음을 깨닫게 됩니다. 스스로 높은 산이 되기보다는 모두가 오를 수 있는 낮은 언덕이 되어 주신 주님의 마음은 아버지의 마음입니다.

하나님 아버지를 섬기는 것이나 부모를 섬기는 것이 따지고 보면 근본이 같음을 깨닫게 됩니다.

부모님을 물끄러미 바라봅니다.

너무나 죄송합니다!

아직 효도할 수 있는 부모님이 살아 계신다면 축복입니다.

오늘은 부모님께 효도하기….

오늘의 묵상 말씀

에베소서 6:1-3

자녀들아 주 안에서 너희 부모에게 순종하라 이것이 옳으니라 너 아버지와 어머니를 공경하라 이것은 약속이 있는 첫 계명이니 이로써 너가 잘되고 땅에서 장수하리라

Ephesians 6:1-3

1. Children, obey your parents in the Lord, for this is right.
2. "Honor your father and mother"-which is the first commandment with a promise-
3. "that it may go well with you and that you may enjoy long life on the earth."

6. 호우시절

　얼마 전 '호우시절'이란 '오래된 영화'를 보게 되었습니다. 2009년 개봉된 '정우성'과 '고원원'이란 배우가 열연한 잔잔하지만 긴 여운을 주는 그런 영화입니다.

　영화 제목 '호우시절'(好雨時節)은 두보(杜甫)의 시 가운데 '호우지시절'(好雨知時節), 즉 "좋은 비가 시절을 알고 내린다"라는 시적 문구에서 가져왔습니다.

　두 남녀의 아름다운 사랑의 때에는 항상 비가 내렸고 '비'는 이 두 남녀의 사랑을 이어주는 '매개체 역할'을 합니다.

　"봄이 오기 때문에 꽃이 피는 걸까요?"

　아니면, "꽃이 피기 때문에 봄이 오는 걸까요?"

　이 영화는 이 질문에 대하여 "꽃이 있기에 봄이 온다"라고 말하는 것 같습니다.

　왜냐하면, 이 영화는 우리에게 "하늘은 사랑이 있기에 그때를 가장 좋은 시절이라 여기고 비를 내린다"라고 말하기 때문입니다.

　'좋은 시절'보다 '사랑'이 먼저인 거죠!

　봄이 오는 소리가 들립니다.

　그리고 꽃망울 속에 꽃이 익어가는 소리가 들립니다.

그리고 꽃망울은 견디지 못해 한껏 터져 꽃을 피우겠죠.

여러분의 마음속에도, 가정에서도, 직장에서도, 가장 좋은 시절에 내리는 '호우시절'의 촉촉한 봄비가 가득히 내리기를 바랍니다. 그래서 이 봄 모두 아름다운 꽃 피우길 바래요. 좋은 비는 사랑이 만드는 것입니다.

> 오늘 내가 여러분에게 명령하는 모든 것을 충실히 지키고 여러분의 하나님 여호와를 사랑하며 마음을 다하고 정성을 다하여 그분을 섬기면 여호와께서 여러분의 땅에 철을 따라 적당한 비를 내려 곡식과 포도주와 감람기름이 풍족하게 하시고(신 11:13-14, 현대인의성경).

두보의 "사랑이 있는 곳에 좋은 비가 내린다"라는 시상처럼 주님을 향한 사랑이 있는 곳에 하나님은 은혜를 채워주신다고 말씀하십니다.

우리의 관심이 '주님을 사랑하고 섬기는 것 보다 혹시 좋은 비가 내릴 것에 있지는 않았나?'라고 생각해 봅니다.

'은혜'보다 '주님을 향한 사랑'이 먼저입니다.

하나님을 섬기며 사랑하는 자에게 주시는 좋은 비는 적당한 때에 맞추어 내리는 이른 비와 늦은 비입니다. 이 비는 굳은 땅을 결실의 밭으로 만듭니다. 이 비는 하나님이 때에 따라 내려주시는 은혜의 비입니다. 이 비가 곡식과 포도주와 기름의 결실을 가져옵니다.

> 하나님을 사랑하고 네 이웃을 네 몸처럼 사랑하라(눅 10:27).

하나님을 사랑하는 자가 얻을 곡식과 포도주와 기름의 결실들, 그것은 사실 '이웃을 사랑하는 사랑함, 그 자체'입니다.

서로 사랑하는데 왜 풍성하지 않겠습니까?
서로 사랑하는데 왜 행복하지 않겠습니까?
서로 사랑하는데 왜 복 되지 않겠습니까?

사랑이 있는 곳에 반드시 좋은 비가 내립니다.
비를 부르는 '호우지시절'의 '사랑'으로 여러분의 마음과 세상이 꽃이 만발한 하나님의 정원이 되길 소원합니다.
오늘은 좋은 비 모두 맞기….

오늘의 묵상 말씀

신명기 11:13-14

13 내가 오늘날 너희에게 명하는 나의 명령을 너희가 만일 청종하고, 너희의 하나님 여호와를 사랑하여 마음을 다하고 성품을 다하여 섬기면
14 여호와께서 너희 땅에 이른비, 늦은비를 적당한 때에 내리시리니 너희가 곡식과 포도주와 기름을 얻을 것이요

Deuteronomy 11:13-14

13 So if you faithfully obey the commands I am giving you today-to love the LORD your God and to serve him with all your heart and with all your soul-
14 then I will send rain on your land in its season, both autumn and spring rains, so that you may gather in your grain, new wine and oil.

7. 진짜 같은 가짜

한 청년이 뉴욕 브로드웨이 뒷골목을 배회하다가 검은 가방 하나를 발견합니다. 주위를 살펴보며 지퍼를 열어봅니다.
순간 그 청년은 화들짝 놀라게 됩니다.
'백 달러'짜리 지폐가 가방에 한가득 차 있는 것이 아닙니까?
청년은 순식간에 그 가방을 등에 메고 뛰기 시작합니다.
'마피아 조직의 피 묻은 돈, 마약과 관계된 검은 돈은 아닐까?'
청년은 그 가방을 들고 '멕시코'로 도망갈 것을 결단하게 됩니다. 삼엄한 국경 수비대의 검문소를 피해 몇 번의 죽을 고비를 넘기며 드디어 국경을 넘는 순간입니다.
그런데 그때 갑자기 개 짖는 소리와 함께 총소리가 들리기 시작합니다. '국경 수비대'입니다. 그는 가방을 등에 메고 사력을 다하여 국경을 향해 뛰기 시작합니다.
하지만, 곧 그 앞에 그를 가로막고 서 있는 수십 미터의 절벽….
그는 하늘을 바라보고 잠시 생각에 잠기더니 새처럼 계곡 밑으로 몸을 날립니다. 다행히 그 청년은 물위에 떨어졌고 멕시코로 향하는 거친 계곡물은 얼마 후 그를 멕시코의 한 강가에 안전하게 내려놓게 됩니다.

더 이상 개 짖는 소리도 총소리도 없습니다. 오직 그와 등에 멘 '돈 가방'만이 있을 뿐…. 이윽고 그는 안도의 미소를 지으며 돈 가방의 지퍼를 열어봅니다.

하지만, 곧 그의 미소는 허무의 쓴 미소로 변하게 됩니다. 그 가방 안에 백 들러짜리 지폐 뭉치들이 잉크로 번져 있습니다. 그것은 모두 조잡한 '위조지폐'였습니다.

> 그래서 예수님이 그에게 말씀하셨다. '나는 길이요 진리요 생명이다. 나를 통하지 않고는 아무도 아버지께로 가지 못한다(요 14:6, 현대인의성경).

길과 진리와 생명이 아니면, 곧 그것은 가짜입니다.

우리가 목표하며 추구하며 성취하는 모든 것들이 만약 가짜라면 이 얼마나 허무하겠습니까?

'예수 그리스도'는 우리에게 길과 진리와 생명의 '절대적 가치'를 제공하십니다. 그는 사망에서 생명으로 인도하는 '길'이 되어 주셨습니다. 그리고 이 흔들리는 세대에서 변하지 않는 구체적인 '진리의 푯대'가 되어 주셨습니다. 또한, 죄악의 심판에서 영원한 생명으로 초대하시는 '생명'이 되셨습니다.

오늘 그분이 당신과 함께하십니다. 진짜 같은 가짜와 껍데기가 난무하는 이 시대에 진리이신 그분과 함께 진짜로 살고 싶습니다.

그리고 참 제자를 찾으시는 주님께서 조용히 물으십니다.

> 너는 진짜냐고, 오늘은 진짜로 살기….

오늘의 묵상 말씀

요한복음 14:6

예수께서 이르시되 내가 곧 길이요 진리요 생명이니 나로 말미암지 않고는 아버지께로 올 자가 없느니라

John 14:6

Jesus answered, "I am the way and the truth and the life. No one comes to the Father except through me.

8. 깨우길 잘 했다

사람들이 뱀 몸뚱이처럼 길게 줄을 늘어서더니 버스가 도착하자 머리부터 슬금슬금 버스 안으로 기어올라 탑니다.

추운 겨울날 버스 안은 그야말로 천국입니다. 따뜻한 스팀이 추위에 떨었던 몸을 그냥 녹여줍니다.

버스는 미끄러지듯 고속도로 위를 달리고 모처럼 귓가에 꽂은 이어폰으로 음악이 흐릅니다. 저는 마치 영화의 장면을 감상하듯 차창 너머로 흐르는 정경을 한 컷 한 컷 눈에 담아 봅니다.

아, 벌써 종착역이랍니다. 모두 일어나 버스 중앙 통로에 나와 서서 앞으로 천천히 밀려 나아가고 있는데, 아직도 잠을 자는 중년 아저씨 한 분을 발견하게 됩니다.

'일어나야 할 텐데, 사당인데…, 안 깨워주면 다시 돌아가는데!'

저는 팔꿈치로 살짝 툭 쳐봅니다.

어허, 그래도 꿈쩍도 안 합니다.

여기에서 포기 못 합니다.

이번엔 손으로 흔들어 깨웁니다.

"사당입니다. 아저씨!"

이 중년은 당황한 듯 황급히 자리에서 일어섭니다. 그리고 잠이 덜 깬 채 감사하단 말도 못 하고 버스에서 내려 제 갈 길로 사라집니다. 저는 사람들 속에서 사라지는 그의 뒷모습을 바라보며 그래도 '깨우길 잘 했다'라고 속으로 생각해 봅니다.

오늘 성경 말씀인 '시편 57편'은 사울 왕이 다윗을 죽이고자 추격할 때 다윗이 사울을 피해 굴에 숨어 있을 때 지은 시입니다.

> 하나님이시여, 내가 마음에 확신을 가지게 되었으므로 노래하며 주를 찬양하겠습니다(시 57:7, 현대인의성경).

오늘 성경 말씀은 사울의 추격 때문에 동굴 속에 갇혀 있던 다윗은 자유한 자이며, 다윗을 추격하던 사울이 오히려 갇힌 자라 말씀하십니다. 다윗은 주님 안에 있었고, 사울은 주님 밖에 있었기 때문입니다. 자유함이란 주님 안에 '붙들림'입니다

절망적인 경험으로 인한 패배감, 좌절과 낙망의 무기력감, 과거의 아픈 기억과 상처 속에서 벗어나지 못하고 스스로 절망의 깊은 잠에 빠진 우리에게 주님은 우리를 흔들어 깨우십니다.

> 내 영혼아, 깨어라! 비파야, 수금아, 깨어라! 내가 새벽을 깨우리라!
> (시 57:8, 현대인의성경).

잠들어 있는 당신의 영혼과 그들을 흔들어 깨우십시오!
오늘은 흔들어 깨우기….

오늘의 묵상 말씀

시편 57:7-8

7 하나님이여 내 마음이 확정되었고 내 마음이 확정되었사오니 내가 노래하고 내가 찬송하리이다
8 내 영광아 깰지어다 비파야, 수금아, 깰지어다 내가 새벽을 깨우리로다

Psalms 57:7-8

7 My heart is steadfast, O God, my heart is steadfast; I will sing and make music.
8 Awake, my soul! Awake, harp and lyre! I will awaken the dawn.

9. 지지 않는 목련꽃

목련 나무 한 그루를 정원에 옮겨 심었습니다.
그리고 나뭇가지 위에 피리를 걸어 놓습니다.

소리를 들어 보세요.
바람이 불면 피리에서 봄이 오는 소리가 들립니다.

피리를 가져다 입에 물고 봄 노래를 불러 봅니다.
나루터 수양버들 강변에 봄이 찾아옵니다.

배 위엔 늘 그렇게 젓던 노가 보이질 않습니다.
배 위에 눕습니다.

강 위에 어느덧 은하수는 내려앉고,
바람에 날리던 반딧불이는 흔들리는 별빛이 됩니다.

먼동이 트면 반딧불이는 사라지겠지만,
가슴에 담은 별빛은 불멸입니다.

이제 내일이면 목련나무에 꽃이 피겠지요.
당신의 정원에 지지 않는 목련꽃이 피기를….

비록, 우리의 겉사람은 쇠약해 가지만 우리의 속사람은 날마다 새로와지고 있습니다(고후 4:16b, 현대인의성경).

잠깐 보이는 '겉사람'과 영원한 '속사람'을 구분하고 계십니다. 그리고 보이는 것은 잠깐이요. 보이지 않는 것은 영원함이라고 말씀하십니다.

겉사람에 매여 속사람을 경홀히 여김을 경계해 봅니다. 속사람이 대접받을 때 사람은 진정 행복합니다. 자신의 내면에 있는 속사람을 대접한다는 것은 자신의 존귀함을 인정하는 것입니다. 존귀함을 인정하기 위해선 먼저 자신의 모든 가식을 버리고 내면 가운데 있는 속사람을 볼 수 있어야 합니다.

만약, 여러분이 진정한 속사람을 보게 된다면 여러분은 지금껏 자신을 향해 가져 보지 못했던 연민과 동정심을 갖게 될 것입니다. 그리고 당신 곁에서 여전히 그런 당신을 안고 계시는 주님을 발견하게 될 것입니다.

'치유'는 자신의 '속사람과 대면'하는 것입니다. 그리고 '회복'은 그 곁에 계신 '주님을 만나는 것'입니다. 그리고 올봄엔 모든 이들의 속마음에 '지지 않는 목련꽃'이 피어나기를….

오늘은 속사람 보기….

오늘의 묵상 말씀

고린도후서 4:16

그러므로 우리가 낙심하지 아니하노니 우리의 겉사람은 낡아지나 우리의 속사람은 날로 새로워지도다

2 Corinthians 4:16

Therefore we do not lose heart. Though outwardly we are wasting away, yet inwardly we are being renewed day by day.

10. 쓰레기 분리수거함

현관 앞 주차장에서 차에 앉아 아들을 기다리고 있습니다.

한 '중년 남성'이 '쓰레기 분리수거백'을 들고 아파트 현관 앞을 지나갑니다. 얼어붙은 빙판길을 조심스레 지나 서둘러 재활용 분리수거대로 걸어갑니다.

그때입니다. 바람이 "휙" 몰아쳐 붑니다.

입은 코트가 펄럭펄럭할 만큼 센 바람이 쓰레기 분리 백안에 있던 폐지들과 플라스틱 페트병 몇 개를 날려 버립니다.

아파트 주차장 이곳저곳으로 정신없이 폐지가 날아가고 페트병들은 요란한 소리를 내며 아스팔트 바닥 위로 나뒹굽니다. 중년은 순간 멈칫하며 잠시 당설이더니 그냥 지나칩니다.

그는 '쓰레기 분리수거함'에 남은 것들을 이리저리 쏟아붓고는 현관 안으로 "휙" 사라집니다.

그래서 주인은 그에게도 '잘하였다. 착하고 충실한 종아. 네가 작은 일에 충실하였으니 내가 너에게 많은 일을 맡기겠다. 너는 주인의 기쁨에 참여하여라' 하였다 (마 25:22. 현대인의성경).

그리고 그를 '착하고 충실한 종'이라고 말씀하십니다. 우리는 큰 일, 폼나는 일, 그리고 많은 일을 감당하길 원합니다.

하지만, 성경은 "먼저 작은 일에 충성하라"고 말씀하십니다. 큰 일의 시작은 "작은 일"이기 때문입니다.

저 수 많은 차가 도로 위를 꼬리에 꼬리를 물고 질서정연하게 사고 없이 달리는 것을 보면 참 신기합니다.

이 복잡하고 거대한 사회가 정해진 약속 때문에 서로 유지되고 지켜지는 것을 보면 참 경이롭습니다. 모든 것의 시작은 작은 것을 소중히 여기는 마음에서부터 시작됩니다.

한쪽 분리수거함에 가득 쌓여 잘 정돈된 재활용 쓰레기를 보면서 이런 생각을 해봅니다.

'세상을 움직이는 '위대한 힘'은 우리의 마음속에 있다'라고….

오늘은 속사람 보기….

오늘의 묵상 말씀

마태복음 25:23

그 주인이 이르되 잘하였도다 착하고 충성된 종아 네가 적은 일에 충성하였으매 내가 많은 것을 네게 맡기리니 네 주인의 즐거움에 참여할지어다 하고

Matthew 25:23

His master replied, 'Well done, good and faithful servant! You have been faithful with a few things; I will put you in charge of many things. Come and share your master's happiness!'

11. 난지도

어느 한 성도님과 대화를 나눕니다.
우리를 우울하게 하는 근심과 염려, 지워지지 않는 과거의 아픔과 상처, 그리고 때때로 치솟는 분노와 슬픔의 감정에 대하여 이런 저런 말을 하다가 이 성도님이 저에게 이런 말을 들려줍니다.

과거 서울에 시내의 모든 쓰레기가 모여 쌓여 생긴 쓰레기 섬인 '난지도'가 있었습니다. 이 난지도에 들어서면 모두 코를 막아야 합니다. 쓰레기 썩는 냄새가 마치 사람 송장 썩는 냄새처럼 고약하고 역겹기 때문입니다. 그래서 이곳에 쓰레기를 버리려고 드나드는 모든 차는 가능한 한 이 '난지도'에 오래 머물려 하지 않습니다.
쓰레기를 가득 실은 '덤프트럭' 한대가 이 난지도에 들어옵니다. 그리고는 신속하게 쓰레기를 부어댑니다. 쓰레기를 부어대는 이 기사 아저씨는 이 쓰레기들이 어디에 어떻게 떨어졌는지 어떤 모양으로 떨어졌는지 관심도 없습니다. 이 기사 아저씨는 그저 쓰레기를 버리고는 뒤도 안 돌아보고 쏜살같이 도망칩니다.
이 난지도에는 냄새가 나는 쓰레기로 가득합니다. 우리가 버려야 할 과거의 모든 상처와 기억들 그리고 분노와 슬픔의 감정도 이러합니다. 쓰레기 같은 것들 뒤도 안 돌아보고 버려야 합니다.

나는 너희에게 평안을 주고 간다. 이것은 내가 너희에게 주는 내 평안이다. 내가 주는 평안은 세상이 주는 것과는 다르다. 너희는 마음에 근심하지 말고 두려워하지도 말아라(요 14:27, 현대인의성경).

주님이 우리에게 주시는 평안은 무엇일까요?

그것은 주님의 대속의 은혜로 우리의 모든 '죄를 용서하심'입니다.

이 세상에서 가장 무거운 것이 무엇일까요?

철이나 금과 같은 쇠붙이를 생각하시나요?

아닙니다. 이 세상에서 그 어떠한 것 보다 견디기 힘들 만큼 무거운 것은 바로 '죄'입니다. 인생의 모든 '질고의 원인'은 '죄'이니까요. 주님은 우리를 죄악의 저주와 올무의 짐에서 우리를 해방시켜 주셨습니다.

주님이 나를 위해 지신 질고를 다시 꺼내어 매어진다면 십자가 위에서 나를 위해 흘리신 주님의 피를 헛되게 하는 것입니다.

'자유함'은 '믿음'으로 누리는 '축복'입니다.

그리고 '믿음'은 맡기는 것이고 뒤도 돌아보지 않는 것입니다.

오늘은 쓰레기 버리듯 하기….

오늘의 묵상 말씀

요한복음 14:27

평안을 너희에게 끼치노니 곧 나의 평안을 너희에게 주노라 내가 너희에게 주는 것은 세상이 주는 것 같지 아니하니라 너희는 마음에 근심도 말고 두려워하지도 말라

John 14:27

Peace I leave with you; my peace I give you. I do not give to you as the world gives. Do not let your hearts be troubled and do not be afraid.

12. 꽃차의 향기

호주에서 공부하고 돌아온 한 청년이 차(Tea)를 선물로 주었습니다. 조심스럽게 포장을 열어봅니다. 그 안에는 노란 꽃을 말린 '꽃차'가 담겨 있습니다. 오랜만에 차를 따라봅니다.

따뜻한 꽃차의 향기가 입에서 코로 가슴으로 퍼져 나갑니다. 그리고 온 방 단이 꽃차의 향으로 노랗게 물이 듭니다. 따뜻한 차로 몸이 노곤해지더니 슬며시 눈이 감깁니다.

어느새 저는 노란 꽃으로 수놓은 드넓은 들녘을 걷고 있습니다. 꽃이 만발한 들녘에는 젊은 아낙네들이 한땀 한땀 꽃송이를 따서 꽃바구니에 가득 담고 있습니다. 그리고 그녀들이 채운 꽃바구니를 가져다가 연신 수레에 가득 붓고 있는 농부들도 보입니다.

참으로 평화스러운 모습입니다. 저는 꽃향기에 취해 그들에게 조금 더 가까이 다가갑니다. 꽃을 따는 정겨운 아낙네의 손길과 꽃 바구니을 힘있게 나르는 농부의 얼굴이 눈에 들어 옵니다

하지만, 저는 그때 소스라치게 놀랍니다. 손톱 사이에 꽃물도 물든 아낙네들의 손이 얼마나 거칠던지, 그리고 짐 나르는 농부들의 얼굴에 새겨진 주름이 얼마나 깊던지….

저는 눈을 뜹니다. 그리고 그때 제가 마신 차의 향기는 가시 꽃을 움켜쥐고 따낸 아낙네의 '눈물의 향'이며 뜨거운 햇살을 견디고 이겨낸 농부들의 '땀방울의 향'임을 알게 됩니다.
따라놓은 찻잔에선 더욱 진한 향이 배 나옵니다.

> 항상 우리를 그리스도 안에서 이기게 하시고 우리를 통해 그리스도를 아는 지식을 곳곳에 향기처럼 퍼지게 하시는 하나님께 감사를 드립니다. 하나님에게는 우리가 구원 얻는 사람들에게나 멸망하는 사람들에게 그리스도의 향기입니다(고후 2:14-15, 현대인의성경).

우리가 그리스도로 말미암아 세상을 이길 때 우리에게서 '그리스도의 향기'가 난다고 말씀하십니다. 비록, 우리 삶에 고난과 어려움이 있어도 주님을 가슴에 품고 세상을 이기어 나아갈 때 우리 안에 생명의 내음, 그리스도의 향기가 가득할 겁니다. 그리스도의 향기는 거저 주어진 것이 아닙니다.

그리스도의 향기는 '스토리'입니다. '눈물과 땀'이 없는 스토리는 '스토리'가 아닙니다. 만약, 당신의 몸에서 그리스도의 향이 난다면 그것은 세상을 이겨낸 '눈물과 땀'의 냄새입니다.

누구에게든 그 사람에게서만 나는 냄새가 있습니다.

당신의 몸에선 어떤 향기가 나십니까?

오늘은 우리 그리스도의 향기가 되기….

오늘의 묵상 말씀

고린도후서 2:14-15

14 항상 우리를 그리스도 안에서 이기게 하시고 우리로 말미암아 각처에서 그리스도를 아는 냄새를 나타내시는 하나님께 감사하노라
15 우리는 구원 얻는 자들에게나 망하는 자들에게나 하나님 앞에서 그리스도의 향기니

2 Corinthians 2:14-15

14 But thanks be to God, who always leads us in triumphal procession in Christ and through us spreads everywhere the fragrance of the knowledge of him.
15 For we are to God the aroma of Christ among those who are being saved and those who are perishing.

13. 순둥이와 깡패

군대에 있을 때가 생각납니다. 인사계님이 저에게 특명을 내립니다. 서너 달 정도 된 강아지 두 마리를 잘 키우라는 명입니다. 몇 개월이 지나자 제법 몸집이 큰 중견이 되었습니다.

그런데 이 두 녀석의 성격이 완전히 다릅니다. 한 녀석은 주는 대로 밥도 잘 먹고 사랑받는 '순둥이'이고, 반면에 한 녀석은 늘 경계심도 많고 으르렁대며 난폭하기 이를 데 없는 '깡패'입니다.

그러던 어느 날 일이 터집니다. 일과를 마친 후, 개밥을 주러 가서 보니 깡패 녀석 목에서 피가 철철 흘러내리고 있습니다. 날카로운 철사에 상처를 낸 것입니다.

하지만, 이 녀석 그렇게 피가 철철 흐르는 테도 개 줄을 끊겠다고 펄펄 뛰며 울부짖으며 몸부림칩니다. 정말 이 녀석은 대책 없는 깡패 맞습니다.

또 이렇게 또 몇 개월 후, 야외 훈련을 마치고 부대에 복귀한 저는 개들에게 가봅니다. 그런데 개들이 사라졌습니다. 개들이 있어야 할 자리에 개들이 보이질 않습니다. 놀란 저는 인사계님에게 달려가 개들이 없어졌다고 보고하는 데 인사계님은 저를 보더니 씩 웃으면서 말합니다.

"먹었다!"

저는 놀라며 "네?"라고 하자, 인사계님이 다시 말씀하십니다.

"못 알아들었나? 먹었다고!"

그때서야 저는 질문합니다.

"아아, 네… 그런데 두 마리 답니까?"

인사계님이 대답합니다.

"아니 한 마리만, 남은 한 마리는 탄약고에 있다."

저는 순둥이를 보기 위해 탄약고로 향합니다. 멀리 탄약고 문 앞에 늠름한 개 한 마리가 보입니다. 하지만, 저는 깜짝 놀라게 됩니다. 그 개는 순둥이가 아닌 '깡패'였습니다.

> 주님의 날이 밤중에 도둑같이 온다는 것을 여러분이 잘 알기 때문입니다(살전 5:2, 현대인의성경).

이 주의 날은 '심판의 날'을 말합니다. 심판의 날이란 믿는 자들에겐 '구원의 날'이요, 믿지 않는 자들에겐 '영벌의 날'입니다. 그래서 믿는 자들은 이날을 두려워하지 않습니다.

그날이 '도적같이' 이른다는 말씀은 우리에게 영적인 경계심을 잃지 말라는 '경고의 말씀'입니다.

먹히지 않고 경계견이 된 깡패는 주는 먹이에 만족하지 않았습니다. 묶임보다는 자유함을 원했고, 늘 끊임없이 경계를 늦추지 않았습니다.

'음' 그래, 이것이 깡패가 살아남은 이유였구나!'

그리스도인은 그리스도인다워야 그게 사는 길입니다.

그리스도인의 경건은 악한 영에 대한 철저한 '경계심'에서부터 시작됩니다.

오늘은 경계하기….

오늘의 묵상 말씀

데살로니가전서 5:2

주의 날이 밤에 도둑 같이 이를 줄을 너희 자신이 자세히 알기 때문이라

1 Thessalonians 5:2

for you know very well that the day of the Lord will come like a thief in the night.

14. 기름 없음

차에 기름 없음을 알리는 신호가 들어옵니다. 경고등이 들어왔지만, '조금 더 타고 기름을 넣어야지'라며 속으로 생각하고는 차를 계속 운전합니다.

일을 마치고 집에 돌아옵니다. 아파트 현관 앞 주차장에 차가 이를 때에 갑자기 차가 푸드득 하더니 그대로 시동이 꺼집니다. 그리고 바로 그 순간 차 앞쪽으로 사람이 지나갑니다.

저는 급히 브레이크를 밟아 보지만, 브레이크가 작동하지 않습니다. 저는 신속히 핸들도 돌려 보지만, 핸들도 움직이지 않습니다. 사람 앞에서 순식간에 모든 것이 완전 '스톱'입니다.

저는 사이드 브레이크를 올리면서 사람 앞에서 차를 가까스로 세웁니다. 순간 어찌나 당황스러웠던지, '기름 없음' 경고를 가볍게 여긴 결과입니다.

만약, 고속도로에서 기름이 떨어졌더라면 얼마나 위험했을까요?

주 여호와께서 말씀하신다. '내가 기근을 땅에 보낼 날이 올 것이다. 양식이 없어 굶주리거나 물이 없어 갈증을 느끼는 기근이 아니라 여호와의 말씀을 듣지 못해 굶주리고 목말라하는 기근이다'(암 8:11, 현대인의성경).

성경 말씀은 우리에게 삶의 목적과 비전과 소망을 주십니다. 말씀이 없는 세대란 삶의 목적과 비전과 소망이 없는 세대란 말입니다.

사람이 죽는 이유는 돈이 없어서, 양식이 없어서 죽는 것이 아닙니다. 살아갈 '목적'과 '의미'와 '소망'이 없어서 죽는 것입니다.

여러분의 영혼의 푯대에 말씀이 있습니까?

만일 푯대가 없다면 달리지 마십시오!

분명한 방향을 모르고 달리면 자신도 다치지만, 남도 다치게 하기 때문입니다.

말씀을 사모하십니까?

말씀은 눈과 귀에 있지 아니하고, 말씀은 '가슴'에 새겨야 합니다. 그리고 말씀이 내 '몸의 일부'가 될 때, 말씀은 양식이 됩니다. 몸으로 실천되지 않는 말씀은 넋두리이며 공허함입니다.

기름 없음 경고등이 켜졌을 때는 달리지 말아야 합니다.

말씀의 기름을 채우십시오!

오늘은 우리의 삶에 말씀으로 가득 채우기⋯.

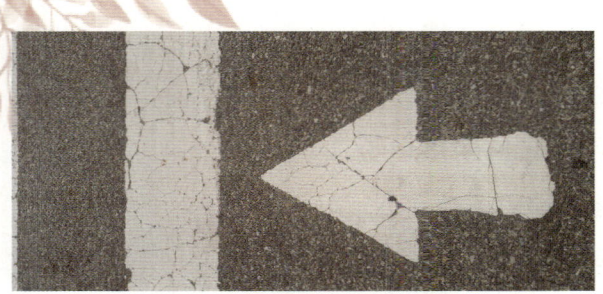

오늘의 묵상 말씀

아모스 8:11-12

11 주 여호와의 말씀이니라 보라 날이 이를지라 내가 기근을 땅에 보내리니 양식이 없어 주림이 아니며 물이 없어 갈함이 아니요 여호와의 말씀을 듣지 못한 기갈이라
12 사람이 이 바다에서 저 바다까지, 북쪽에서 동쪽까지 비틀거리며 여호와의 말씀을 구하려고 돌아다녀도 얻지 못하리니

Amos 8:11-12

11 "The days are coming," declares the Sovereign LORD, "when I will send a famine through the land-- not a famine of food or a thirst for water, but a famine of hearing the words of the LORD.
12 Men will stagger from sea to sea and wander from north to east, searching for the word of the LORD, but they will not find it.

15. 테니스의 재미

테니스는 참 재미있는 운동입니다.

테니스의 재미는 시합을 통해서 게임을 이기므로 얻어지는 승부에서 찾기도 하지만, 진짜 쏠쏠한 운동의 재미는 여기에 있는 것이 아닙니다. 테니스의 묘미는 함께 운동하는 파트너뿐만 아니라 상대방과의 깊은 '교감'에 있습니다.

테니스는 파트너십 운동입니다. 혼자서는 즐길 수 있는 운동이 아닙니다. 서로 배려하고 또 서로의 마음과 동작을 파악할 때 더 흥미로워지는 운동입니다.

그래서 테니스 게임에는 파트너와 상대를 위한 나름의 예절이 있습니다. 이 예절을 통해 서로에 대한 무한한 신뢰와 존중을 쌓아 나갑니다. 그래서 그런지 운동을 하다 보면 참 많이 가까워집니다.

> 이 시대 사람을 무엇에 비할 수 있을까? 이들은 마치 장터에 앉아서 자기 친구들에게 '우리가 피리를 불어도 너희가 춤추지 않고 우리가 상여 노래를 불러도 너희가 울지 않았다' 하고 말하는 아이들과 같다 (마 11:16-17, 현대인의성경).

성경은 이 세대를 가리켜 "피리를 불어도 춤을 추지 않고 울어도 가슴을 치지 않는 세대"라고 말하고 있습니다.

'교감이 없는 세대'입니다. 온통 '자기 자신에게 집중하는 세대'를 말합니다. 이러한 세대는 이웃과의 교감에서 찾을 수 있는 삶의 즐거움과 기쁨을 포기한 세대를 입니다.

일본에는 '사토리 세대'라는 신조어가 있습니다. 사토리는 일본어로 '득도'(得道)를 의미합니다. 고립된 그들의 모습을 풍자하는 단어입니다. 삶의 욕구를 버리고 현실에 안주하고 만족해 하며 사는 젊은 '개인주의 세대'를 말합니다.

한국에는 '3포 세대'라고 있습니다. 연애, 결혼, 출산을 포기한 젊은 신세대를 가리킵니다. 모두 경기 침체와 불황 가운데 자기 방어와 체념이 낳은 '교감 상실'의 세대를 말합니다.

그런데 아픔과 상처로 굳게 마음과 영혼의 문을 닫고 속으로 신음하는 세대가 어디 젊은 세대만이겠습니까?

이 시대를 살아가는 남녀노소 '모두'에게 필요한 것이 교감입니다.

주님께서 이 땅에 굳이 우리의 육으로 오신 이유가 무엇일까요?

우리와 교감하기 위함입니다. 주님이 우리의 삶을 두드리시며 '나와 파트너가 되자'고 하십니다. 이 아픈 세대는 우리가 짊어지고 품고 가야 할 우리가 낳은 세대입니다.

이 세대를 가슴에 품고 교감하기….

오늘의 묵상 말씀

마태복음 11:16-17

16 이 세대를 무엇으로 비유할까 비유하건대 아이들이 장터에 앉아 제 동무를 불러 이르되
17 이르되 우리가 너희를 향하여 피리를 불어도 너희가 춤추지 않고 우리가 슬피 울어도 너희가 가슴을 치지 아니하였다 함과 같도다

Matthew 11:16-17

16 To what can I compare this generation? They are like children sitting in the marketplaces and calling out to others:
17 'We played the flute for you, and you did not dance; we sang a dirge and you did not mourn.'

16. 따뜻한 그녀

올겨울은 유난히도 깁니다.

체질일까요?

겨울이면 등이 늘 못 견디게 시립니다. 하지만, 이 긴 겨울 속에서도 나의 시린 등을 쓰다듬어 주고 따뜻하게 감싸 안아 주는 고마운 그녀가 있습니다.

그녀는 나의 품속에서, 때론 나의 등 뒤에서 나의 몸을 따뜻하게 감싸 안아 줍니다. 전 그녀가 있어서 참 행복합니다.

저는 오늘 이 고마운 그녀를 여러분에게 소개할까 합니다.

그녀는 다름 아닌 '온수 핫팩!'

발이 시려울 때, 손이 시려울 때, 뚝 떨어진 추위에 경직된 허리가 아플 때, 너무 추워서 잠이 안 올 때, 시린 가슴이 고생일 때, 온수 핫팩은 어느 곳이든 언제든지 따뜻하게 나를 감싸 안아 줍니다.

그녀가 얼마나 제게 소중한지 모릅니다. 그녀는 늘 불평도 불만도 없이 한결같이 저를 지켜 주고 위로해 주는 동반자입니다.

그런데 쉿, 이것 비밀인데요!

이것만은 꼭 기억하세요!

늘 제게 따뜻한 그녀도 그녀의 몸에 '뜨거운 물'을 채워주지 않으면 얼음물보다 더 '차가운 여자'로 돌변한다는 것을요.
성경에서 사도 바울은 이렇게 말씀합니다.

> 나는 가난하게 사는 법도 알고 부유하게 사는 법도 압니다. 배가 부르건 고프건 부유하게 살건 가난하게 살건 그 어떤 경우에도 스스로 만족하게 생각하는 비결을 배웠습니다(빌 4:12 현대인의성경).

사도 바울의 사역은 실로 전천후 사역이며 '멀티플레이 사역'이었습니다. 그는 배운 자에게는 배운 자로, 가난한 자에겐 가난한 자로, 있는 자에겐 있는 자로, 높은 자에겐 높은 자로, 아픈 자에겐 아픈 자로 나아갑니다. 그리고 고백합니다.

> 나에게 능력 주시는 분 안에서 나는 모든 것을 할 수 있습니다(빌 4:13, 현대인의성경).

그의 지칠 줄 모르는 멀티 사역의 근원은 '주님이 나와 함께'입니다. 사도 바울의 틈틈이 사역이 만나는 모든 이, 가는 모든 곳이었듯이 주의 이름으로 나아가는 당신의 삶이 곧 당신의 멀티 사역임을 기억합시다.
음, 그런데 잠깐만요!
여러분이 여러분의 사역지로 오늘 떠나시기 전에 정말 놓치지 말아야 할 일이 있습니다.

무엇일까요?

그것은 여러분 안에 뜨거운 물을 먼저 채우는 일입니다.

우리의 열정의 근원인 그분으로 우리의 영혼을 채우는 일입니다.

만약, 우리가 그분의 생각, 열정, 의지, 비전, 소망, 은혜로 가득 채워지지 않았다면, 우린 고작 세상에서 '식어 빠진 물주머니'에 지나지 않기 때문입니다.

오늘은 먼저 '핫팩'에 뜨거운 물 채우기….

오늘의 묵상 말씀

빌립보서 4:12-13

12 나는 비천에 처할 줄도 알고 풍부에 처할 줄도 알아 모든 일 곧 배부름과 배고픔과 풍부와 궁핍에도 처할 줄 아는 일체의 비결을 배웠노라
13 내게 능력 주시는 자 안에서 내가 모든 것을 할 수 있느니라

Philippians 4:12-13

12 I know what it is to be in need, and I know what it is to have plenty. I have learned the secret of being content in any and every situation, whether well fed or hungry, whether living in plenty or in want.
13 I can do everything through him who gives me strength.

17. 그녀의 '코' 사인

　가끔 시외버스를 타고 사당에 갑니다. 버스에 올라타 자리를 잡고 앉습니다.
　긴장이 풀렸기 때문일까요?
　눈이 살짝 감깁니다. 버스는 얼음 위에 스케이트 날처럼 그렇게 미끄러져 나갑니다.
　차를 타고 간 지 한 2-30분 지났을까요?
　그런데 어디선가 코 고는 소리가 요란하게 납니다.
　코 고는 소리에 순간 깜짝 놀라, 나는 속으로 '누구야!' 하며 눈을 뜨고 옆 학생을 노려봅니다.
　그런데 이 학생은 귀에 이어폰을 꽂고 열심히 창가를 바라보며 음악을 듣고 있습니다.
　이 학생은 아니고 그럼 '누구지?
　'차 안은 적막하고 고요합니다. 저는 다시 눈을 감습니다. 버스 좌석에 몸을 묻고 이런저런 생각을 하는데 몸이 또 노곤해집니다. 차 안은 다시 적막해집니다.
　하지만, 또 얼마나 지나지 않아 "드르렁 드르렁 쿨 쿨…," 더 크게 코 고는 소리에 또다시 놀라 눈을 떠 봅니다.

'누구야? 도대체!'

옆자리를 둘러보는데 이번엔 옆에 있던 이 학생도 코 고는 소리에 놀란 듯 눈을 동그랗게 뜨고는 저를 바라봅니다. 그런데 표정이 좀 이상합니다.

'뭐지? 저 표정?'

건너편 옆과 뒤를 둘러봅니다. 그런데 모두 다 나를 쳐다봅니다. 이때 건너편 옆자리에 앉은 나이 많은 아주머니가 내게 사인을 보내옵니다. 검지 손가락으로 나를 지목하더니 그 검지 손가락을 자신의 콧등에 대고 세 번 빠르게 두드립니다.

순간 그렇게 심한 코골이로 나를 깨운 범인은 남이 아니라 바로 나라는 사실을 깨닫는 시간은 그리 시간이 오래 걸리지 않았습니다. 정말 부끄러웠습니다.

하지만, 진짜 부끄러웠던 것은 제가 그렇게 크게 코를 골았다는 것이 아니라 코를 골던 내가 누가 코를 그렇게 고냐며 이 사람 저 사람 둘러보건 제 모습입니다.

> 너희가 남을 판단하는 것만큼 너희도 판단을 받을 것이며 남을 저울질하는 것만큼 너희도 저울질 당할 것이다. 왜 너는 형제의 눈 속에 있는 티는 보면서 네 눈 속에 있는 들보는 보지 못하느냐?(마 7:2-3, 현대인의성경)

하나님은 우리에게 "네 자신을 삼가 먼저 **바라보라**"고 말씀하십니다. 우리는 자기 자신의 눈 안에 심지어 바위가 박혀 있어도 스스로를 바라보지 못합니다.

이유가 무엇일까요?

그것은 '눈'에 있는 것이 아니라 '마음'에 있습니다.

못 본 것이 아니라 보지 않으려 마음먹은 것입니다.

자신의 허물을 바라볼 수 있는 사람은 자신을 용서할 수 있으며 남의 허물에 대하여도 관대할 수 있습니다.

자신의 허물을 인정하는 그것에서부터 용서와 관용은 시작됩니다. 솔직함과 정직함으로 무장된 자유함은 무서운 적이 없습니다.

오늘은 자기 자신을 바라보기….

오늘의 묵상 말씀

마태복음 7:2-3

2 너희가 비판하는 그 비판으로 너희가 비판을 받을 것이요 너희가 헤아리는 그 헤아림으로 너희가 헤아림을 받을 것이니라
3 어찌하여 형제의 눈 속에 있는 티는 보고 네 눈 속에 있는 들보는 깨닫지 못하느냐

Matthew 7:2-3

2 For in the same way you judge others, you will be judged, and with the measure you use, it will be measured to you
3 "Why do you look at the speck of sawdust in your brother's eye and pay no attention to the plank in your own eye?

18. 봄나물 캐는 아낙네

봄나물 캐는 아낙네를 벗삼아
아지랑이 길가에 피어오르고
코끝엔 봄내음 노랗게 물이 듭니다.

봄기운 못 이긴 새순은 가지마다 영글고
겨우내 긴 잠자던 새싹들은 흙에서 뛰쳐나와
봄나들이 갈 채비입니다.

봄바람은 연분홍 꽃봉우리에
놀라 가던 길을 멈추고
'너 참 예쁘구나, 그리고 너 참 곱구나,' 쓰다듬습니다.

비탈진 논두렁엔 키 작은 쑥이며 냉이들이 서로 시샘하고
봄바람은 온 하늘 가득히 봄나물 향기를 뿌려 줍니다.
온 천지에 봄내음, 온 입가엔 봄노래입니다.

멀리 길옆에 한 할머니가 무엇인가 캐고 있습니다.

"뭐 캐세요?"라고 묻자, 할머니는 퉁명스럽게 "봄나물이래요. 쑥 좀 캐고 있네요"라고 말씀하십니다.

"아, 아! 네 그래요?

여기 봄나물이 많은가 봐요?"

다시 질문하는 내게 "요새 나는 어린것들은 다 나물이래요. 못 먹는 것 없지요."

답변에서 긴 세월의 연륜같은 것이 묻어납니다. 그녀를 뒤로하고 돌아오는 뚝길 위엔 싱그러운 봄나물 밥상이 한껏 차려져 있습니다.

"냉이무침, 냉잇국, 씀바귀나물에 쑥국이며 달래무침, 달래국, 돌나물무침…."

음! 싱그러운 봄나믈 밥상길입니다.

> 오늘 있다가 내일 아궁이에 던져지는 들풀도 하나님이 이렇게 입히시거든 하물며 너희일까 보냐 믿음이 작은 자들아(마 6:30, 현대인의성경).

실패와 좌절과 낙망 가운데 있는 우리에게 눈을 들어 우리를 도우시는 하나님 아버지를 바라보라고 말씀하십니다.

하나님은 '생명의 근원'이 되십니다.

우리가 생명의 근원 가운데 있다는 것은 생명과 함께, 생명에 필요한 모든 것을 '더불어 받았음'을 의미합니다.

부산 가는 기차를 탄 할머니가 기차 안에서도 짐을 내려놓지 못하고 머리에 이고 있습니다.

주위에서 말리며 말합니다.

"기차표를 샀으면 그 짐 내려놓아도 돼요!"

하지만, 이 할머니 짐값은 지불하지 안 했다고 끝내 부산까지 짐을 머리에서 내려놓지 못합니다.

하나님 안에 있다는 것, 그것은 하나님 안에 있는 모든 것을 누릴 수 있다는 것입니다. 그것을 누리고 누리지 못하는 것은 자기 책임입니다.

우리가 가는 인생길에 놓여 있는 제철 봄나물, 봄밥상을 즐기는 것도 하나님이 우리에게 주신 축복이며 즐거움입니다. 차려 놓은 제철 봄나물, 봄밥상을 누리지 못하는 것은 우리 책임입니다.

오늘은 봄나물 봄밥상 먹기….

오늘의 묵상 말씀

마태복음 6:29-30

29 그러나 내가 너희에게 말하노니 솔로몬의 모든 영광으로도 입은 것이 이 꽃 하나만 같지 못하였느니라
30 오늘 있다가 내일 아궁이에 던져지는 들풀도 하나님이 이렇게 입히시거든 하물며 너희일까보냐 믿음이 작은 자들아

Matthew 6:29-30

29 Yet I tell you that not even Solomon in all his splendor was dressed like one of these.
30 If that is how God clothes the grass of the field, which is here today and tomorrow is thrown into the fire, will he not much more clothe you. O you of little faith?

19. 감기 옮기기

딸아이가 몇 번 마른기침합니다.
"콜록콜록"
"어! 너 감기 걸린 거니?"
약을 먹었지만, 기침이 좀처럼 가시지 않습니다.
그렇게 며칠이 지나고 딸아이의 기침이 줄어듭니다. 감기가 거의 떨어질 기세입니다. 아내와 저는 다행이라 생각하며 안도하고 있는데 이번엔 안 사람이 "콜록"대며 기침을 합니다.
'설마 옮아간 거야?'
안 사람이 기침을 계속하기 시작합니다. 그런데 아내의 기침이 딸아이의 기침과 똑같습니다. 감기가 옮아간 것 맞습니다. 약을 찾아 아내에게 건네줍니다.
"그렇게 면역력이 떨어져서 어떻게 해, 여보!
비타민도 같이 먹어 봐!"
아내에게 비타민을 건네주고 나도 한 알 먹습니다. 그런데 그때 갑자기 "콜록"대고 제 입에서 기침이 납니다. 그 첫 기침을 시작으로 아내와 저는 지금 감기와의 전쟁 중입니다.

감기에서부터 완전히 해방되어 컨디션이 좋아 보이는 딸아이를 바라보면서 아내와 저는 얘기합니다.

"너 감기 나은 것 엄마 아빠 덕인 줄 알아!

그리고 정말 감기는 다른 사람에게 옮겨놓아야 낫나 봐!"

이렇게 이야기하고 있는데, 마침 우리는 소파 밑에 있던 강아지 '베베'와 눈이 마주칩니다. 베베는 절대 안 된다며 고개를 저어대더니 슬쩍 자기 집으로 자리를 뜹니다.

> 예수님은 또 다른 비유를 말씀하셨다. '하늘 나라는 어떤 여자가 한 포대의 밀가루에 섞어 전부 부풀게 한 누룩과 같다'(마 13:33, 현대인의성경).

어릴 적 어머니가 빵을 만들어 주시던 때가 생각이 납니다. 어머니는 밀가루 반죽에 막걸리를 조금 넣어 반죽하시고 따뜻한 아랫목에 놓아 두셨습니다.

신기하게도 몇 시간이 지나고 나면 밀가루 반죽이 수북이 그릇 위로 부풀어 올라와 있습니다. 막걸리 안에 작은 양의 누룩이 온통 빵 반죽을 부풀려 주고 부드럽게 변화시킵니다.

"하늘 나라는 마치 누룩과 같다"라는 말은, 비록 주의 나라를 가슴에 품고 살아가는 백성이 적을지라도 그 백성이 세상을 변화시키고 구원한다는 것을 의미합니다.

> 또 '여기 있다 저기 있다' 하고 말할 수도 없다. 왜냐하면 하나님의 나라는 너희 안에 있기 때문이다(눅 17:21).

이미 우리에게 임하신 천국입니다. 그래서 천국은 이루는 것이 아니라 발견하는 것입니다. 만약, 믿음의 눈으로 우리 안에 임한 천국을 선포할 수 있다면 여러분의 삶이 곧 하나님의 나라입니다.

하나님 나라는 볼 수 있는 '믿음의 눈'에 있습니다. 나로부터 시작된 주님의 나라가 감기처럼 마구 퍼져 나갔으면 좋겠습니다.

오늘은 누룩 되기….

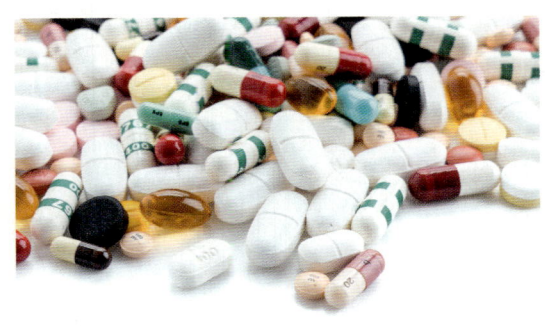

오늘의 묵상 말씀

마태복음 13 33

또 비유로 말씀하시되 천국은 마치 여자가 가루 서 말 속에 갖다 넣어 전부 부풀게 한 누룩과 같으니라

Matthew 13:33

He told them still another parable: "The kingdom of heaven is like yeast that a woman took and mixed into a large amount of flour until it worked all through the dough."

20. 독수리 아저씨

관리실에 전화를 겁니다.

"여기 1106동 502호인데요, 현관 쪽 화장실 물 틀 때마다 현관 쪽에서 소리가 너무 크게 나는데요."

"아! 네, 알겠습니다. 가보겠습니다."

몇 분 뒤, 관리실에서 아저씨 한 분이 초인종을 누르고 거실로 들어옵니다. 그의 첫인상을 한눈에 스캔합니다.

나이는 40대 중반, 머리는 파마 머리에 갈색으로 물들임, 피부는 검고 거침, 얼굴형은 툭 튀어나온 광대뼈에 말랐음, 콧날은 매부리코, 눈은 쌍꺼풀이 없는 독수리 눈으로 눈매가 매서움. 특히 오른쪽 얼굴에 칼자국과 같은 깊은 상처가 있음….

예사롭지 않습니다. 아저씨의 강한 첫인상에 저는 좀 위축됩니다. 이 아저씨 입을 열어 저에게 첫마디 말을 건넵니다.

"선생님, 뜨거운 물 틀 때 소리가 나세요?

아니면, 찬물 틀 때 소리가 나세요?"

저는 대답합니다.

"아, 아, 네. 뜨거운 물 틀 때요!"

이 기사 아저씨가 현관 밖으로 나가더니 저에게 큰 소리로 말합니다.

"선생님! 뜨거운 물 틀었다 잠갔다 몇 번 해 주시겠어요?"

몇 번 반복하는 사이 더 소리가 나지 않습니다. 그 기사 아저씨는 다 끝났다며 인사하고는 돌아서려 합니다. 저는 망설이다 기사 아저씨께 안방 화장실 변기 물도 잘 안 내려가는데 그것도 좀 봐 주실 수 있냐고 묻습니다.

그 아저씨는 안방 쪽 화장실로 들어가 변기와 몇 분 씨름을 하고는 저에게 말합니다.

"사장님! 물이 한 번에 잘 안 빠지는 것은 수압이 약해서 그랬던 건데요. 물 수위 충분히 조절해 놓았고요. 그리고 수통에 물이 채워지는 물의 속도가 좀 느려서 불편하실 것 같아서 그것도 아예 빠르게 조절해 놓았습니다."

그리고 웃으며 이렇게 말합니다.

"사용하시다가 언제든 불편하시면, 또 전화해 주세요. 다음에 뵙겠습니다. 감사합니다."

뒤돌아 나가는 이 아저씨 눈이 더 이상 '독수리 눈'처럼 보이질 않습니다. 저는 살다 살다 그렇게 선한 눈을 본 적이 없습니다.

> 사람이 진실을 말하면 큰 만족을 얻고 열심히 일하면 많은 복이 돌아온다(잠 12:14, 현대인의성경).

개역개정성경에서는 "복록에 족하며 그 손이 행하는 대로 자기가 받는다"(잠 12:14)라고 말씀합니다.

"복록"(福祿, 개역개정성경)은 임금이나 상전으로부터 큰 공을 인정받아 상으로 받는 땅이나 재물을 말합니다. 즉, 이 말씀은 우리의 언어에 따라 복된 '녹'(祿)을 누린다 말합니다.

말은 힘이 있습니다. 생명을 살리기도 하고, 죽이기도 하며, 일을 성사시키기도 하지만, 그르치기도 합니다.

'언어'를 잘 경영하는 사람은 손이 하는 대로 '보상'을 받는다고 말합니다. '친절한 말'은 '독수리 눈'까지도 예뻐 보이게 합니다.

오늘은 친절한 언어로 녹(祿)을 누리기….

오늘의 묵상 말씀

잠언 12:14

사람은 입의 열매로 말미암아 복록에 족하며 그 손이 행하는 대로 자기가 받느니라

Proverbs 12:14

From the fruit of his lips a man is filled with good things as surely as the work of his hands rewards him.

21. 재즈 피아니스트

얼마 전 '재즈 피아니스트 조윤성 콘서트'에 갔었습니다.

그 공연은 참으로 훌륭했습니다. 피아노, 더블베이스, 드럼, 보컬 4인의 어우러진 재즈 연주가 절정에 이를 때쯤 타악기와 현과 보컬의 경계가 허물어졌습니다. 무엇이 보컬 소리인지 무엇이 현이며 드럼인지 구별이 되지 않았습니다.

마치 네 명의 연주 소리가 새로운 한 악기의 소리가 된 것처럼….

절제와 조화의 결과입니다. 당연히 앙코르가 터져 나옵니다. 공연이 끝나고 이제 막 주차장으로 내려오는데 한 초청 연주자와 마주칩니다.

그는 메인 연주자는 아니었지만, 조윤성 씨의 소개에 의하면 남미에서 음악 공부를 했고 장래가 촉망되는 타악기 연주자랍니다. 그는 구석에서 메인 연주자들과 함께 두 곡 정도를 연주했습니다.

하지만, 모델처럼 럭셔리한 외모와 함께 매력적인 긴 머리를 흔드는 화려한 퍼포먼스로 인하여 그는 많은 이들의 시선을 사로잡았습니다.

그가 지금 저기 주차장에 보입니다. 그를 멀리서 바라봅니다. 홀로 들기에는 제법 무거워 보이는 자신의 악기와 앰프를 힘겹게 차

트렁크에 싣고 있습니다. 공간이 좁은 듯, 그는 뒷문을 열고는 뒷좌석에 짐을 마저 싣습니다.

이때입니다!

저의 시선이 그의 차로 가는 순간 저는 깜짝 놀랍니다.

왜냐하면, '아니 저 차가 정말 굴러갈 수 있을까?'

이런 생각이 들 정도로 그의 차는 너무나 작고 낡은 차였습니다. 곧, 그는 차에 올라 시동을 걸고 유유히 자신의 길로 사라집니다. 마치 "누가 뭐라 해도 나는 나의 갈 길을 가련다"라고 말하는 것처럼 저는 중얼거립니다.

'저 사람 진짜 음악하는 사람 맞구나!'

> 그리고 그는 이렇게 외쳤다. '내 뒤에 나보다 더 능력 있는 분이 오신다. 나는 몸을 굽혀 그분의 신발끈을 풀어 드릴 자격도 없다'
> (막 1:7 현대인성경).

세례 요한은 주님의 첩경을 예비하고 쓸쓸히 사라져 간 선지자입니다. 적극적이었지만 절대선을 넘지 않고 그저 자신이 가야 할 외로운 길을 끝까지 지킨 선지자입니다. 그는 예수 그리스도의 완벽한 조연으로서의 죽기까지 사명을 감당한 충성스러운 선지자였습니다.

하지만, 이러한 그를 주님은 "여자가 낳은 자 중에 가장 큰 자"라고 인정해 주셨습니다.

주연과 조연은 '우리의 시각'입니다. 그리스도 안에서는 주연도 조연도 없습니다. 하나님의 경륜과 그의 나라에선 그저 '은혜'만 있습니다.

우리가 그의 은혜 안에 있다면 무엇인들 어떠하겠습니까?

주안에 있다는 것이 '전부'인데….

우리가 기꺼이 그의 조연이라도 마다하지 않는 이유입니다.

오늘은 그의 조연 되기….

오늘의 묵상 말씀

마가복음 1:7

그가 전파하여 이르되 나보다 능력 많으신 이가 내 뒤에 오시나니 나는 굽혀 그의 신발끈을 풀기도 감당하지 못하겠노라

Mark 1:7

And this was his message: "After me will come one more powerful than I, the thongs of whose sandals I am not worthy to stoop down and untie.

22. 공짜란 없다

제가 자주 사용하는 '민자 고속도로'는 경관이 참 좋습니다. 고속도로의 강 옆으로 철새의 군락지가 형성되어 있습니다.

> 바람과 강물과 갈대는 함께 물결이 되고
> 그 위로 눈처럼 내린 새들은
> 강물 위에 뿌려놓은 흰꽃잎이 됩니다.
> 부는 바람에 못이긴 꽃잎은
> 어느덧 하늘을 향해 날아올라
> 파란 하늘을 수놓은 흰구름이 됩니다.
> 무정한 바람은 이 강위에 조각배를 띄우고
> 물길 따라 노질하는 사공이 됩니다.

마음에 평안을 주는 강입니다. 하지만, 이 강이 문제입니다. 3월에서 5월 사이, 이 강 옆으로 놓여 있는 고속도로는 '안개'로 인해 극심한 불편을 겪습니다.

한번은 아이를 학교로 데려다 주기 위해 이 고속도로로 진입해 1km 정도 갔을 겁니다. 도로 위로 안개가 조금씩 보입니다. 대수

롭지 않게 여기며 달리는데 갑자기 차 앞에 거대한 안개가 가로 막습니다.

그리고 이 안개 숲으로 들어서는 순간 앞이 하나도 보이질 않습니다. 순식간에 앞에 달리던 차가 사라져 버렸고 고속도로며, 표지판이며, 일순간 아무것도 보이질 않습니다. 순간 당황한 나머지 급브레이크를 밟고 비상 경고등을 켜며 최대한 큰 눈으로 앞을 주시합니다.

'야…, 이러서 차가 연속으로 충돌하면서 사람이 죽는 거구나!'

이렇게 생각을 하니, 언제 내 뒤에서 충돌해 올지 모르는 차를 의식하며 등골에 땀이 흘러내립니다.

저는 정신을 가다듬고 침착하게 조금씩 조금씩 앞으로 나아갑니다.

얼마를 갔을까요?

비상 경고등을 켜고 바로 제 앞쪽에서 엉덩이 쏙 내밀고 엉금엉금 기어가고 있는 차를 발견하게 됩니다. 그리고 잠시 후 제 앞으로 수십 대의 차들이 비상 깜박이를 켜고 줄을 서서 이어져 있는 것을 보게 됩니다.

다행히 큰 사고는 나지 않았지만, 강변을 낀 이 아름다운 도로는 '얼굴값' 한번 제대로 합니다. 세상은 공짜가 없나 봅니다.

> 후에 예수님은 사람들에게 다시 말씀하셨다. '나는 세상의 빛이다. 나를 따르는 사람은 어두움에 다니지 않고 생명의 빛을 받을 것이다'
> (요 8:12, 현대인의성경).

주님은 당신 자신을 '빛'이라 말씀하십니다.

빛은 보이지 않는 길을 비추는 '길잡이'가 됩니다.

'푯대가 없는 삶,' '나아갈 방향'을 알지 못한 채 달려가는 인생은 마치 눈을 가리 우고 고속도로 위를 달리는 차량에 비유됩니다.

그 길의 끝은 '죽음'입니다.

여러분, 앞이 보이질 않을 땐 달릴 때가 아닙니다!

그땐 속도를 신속히 낮추고 큰 눈으로 신중하게 경계하며 빛을 찾아야 합니다.

앞이 안 보이십니까?

잠시 당신의 인생의 운전대를 내려놓고 빛을 찾으십시오!

주님은 이 세상에서 우리를 생명과 구원으로 인도하시는 '빛'이 되십니다.

당신 곁에서 빛 되시는 주님을 바라보십시오!

그 빛이 당신에게 지혜를 주시며, 당신을 생명과 충만한 삶으로 인도하실 것입니다.

'빛'이 있는 곳에 '생명'이 있습니다.

오늘은 빛을 바라보기….

오늘의 묵상 말씀

요한복음 8:12

예수께서 또 말씀하여 이르시되 나는 세상의 빛이니 나를 따르는 자는 어둠에 다니지 아니하고 생명의 빛을 얻으리라

John 8:12

When Jesus spoke again to the people, he said, "I am the light of the world. Whoever follows me will never walk in darkness, but will have the light of life."

23. 일상의 축복

　새벽 기도를 알리는 알람이 여지없이 어서 일어나라고 깊은 단잠을 흔들어 깨웁니다. 서둘러 늦을세라 엘리베이터를 타고는 지하 1층에 밤새 세워 놓았던 자동차에 시동을 켭니다.
　차는 여지없이 '부르릉' 하고 힘차게 시동을 걸어줍니다. 달리는 차창 안으로 온 대지 위에 내렸던 새벽 공기가 가슴 속으로 파고 들어옵니다. 달콤한 봄내음이 코끝에 진동합니다.
　어느덧 꿈같은 운전대를 잡고 교회 앞마당에 도착한 저는 차를 세웁니다. 저는 서둘러 교회로 들어가기 위해 교회 정문 현관에 열쇠를 꽂고 문을 엽니다.
　문은 우리에게 정겹게 인사하며 예배당 안으로 안내해 줍니다. 한 명, 두 명 성도들이 예배당에 들어와 자리를 채우고 아직은 좀 쌀쌀한 기온 탓에 추운 듯 웅크리고 앉아 있습니다.
　온풍기는 기다렸다는 듯이 이 성도들을 향해 따뜻한 입김을 힘차게 호호 불어줍니다. 예배당에 찬양이 흐르고 성도들은 각자의 간절한 기도로 새벽을 깨웁니다. 늘 되풀이되는 변함없는 새벽 아침 일상입니다.

하지만, 디러한 일상이 얼마나 감사하고 고마운 것인지 다시 한 번 생각해 보면 화들짝 놀라게 됩니다.

만약, 새벽 기도를 알리는 알람이 나를 위해 울려 주지 않았다면, 아파트 엘리베이터가 주차장으로 내려오던 중 멈추었다면, 새벽 아침에 차 시동이 켜지지 않았다면, 그 얼마나 곤혹스러울까요?

만약, 교회 현관문이 제 열쇠에 열리지 않았다면, 만약 예배 시간에 앰프가 켜지지 않았다면, 만약 이 추운 새벽 아침 히터가 돌아가지 않았다면, 새벽 기도회에 더 이상 성도들의 기도 소리가 들리지 않는다면, 그 얼마나 곤혹스러울까요?

생각해 보면, 늘 되풀이 되는 일상이 은혜요, 감사의 조건들입니다. 사도 바울이 에베소교회 성도들을 문안합니다.

> 우리 주 예수 그리스도를 변함없이 사랑하는 모든 사람에게 은혜가 함께하기를 기드합니다(엡 6:24, 현대인의성경)

그리고 사도 바울이 에베소교회 성도들을 축복할 때 '변함없는 사랑'으로 '주를 사랑하는 모든 자'에게 주님의 평안과 사랑이 가득하기를 축복하고 있습니다. 축복의 대상은 '변함없는 사랑으로 주를 사랑하는 모든 자에게' 입니다. 변함없다는 것, 한결같다는 것은 쉬운 것이 아닙니다.

당신 곁에서 늘 자신의 역할을 감당하고 늘 자기 자리를 지키고 있는 그러한 누군가가 당신과 함께하고 있다면 감사하십시오!

그리고 귀하게 여기십시오!

그것은 정말 쉬운 일이 아닙니다.

'일상'은 늘 그런 것이지만, '잊기 쉬운 축복'입니다.

오늘은 일상을 감사하기….

오늘의 묵상 말씀

에베소서 6:23-24

23 아버지 하나님과 주 예수 그리스도께로 부터 평안과 믿음을 겸한 사랑이 형제들에게 있을지어다
24 우리 주 예수 그리스도를 변함 없이 사랑하는 모든 자에게 은혜가 있을지어다

Ephesians 6:23-24

23 Peace to the brothers, and love with faith from God the Father and the Lord Jesus Christ.
24 Grace to all who love our Lord Jesus Christ with an undying love.

24. 잠자는 나무

아파트 정원에도 올해 봄꽃이 유난히도 풍성합니다.
벚나무들은 꽃잎을 눈처럼 아이들 머리 위에 뿌려주고
아이들은 꽃나무 사이로 즐겁게 뛰어놉니다.

꽃길을 지나던 무심한 사내는
한껏 붉은 꽃망울을 터뜨린 철쭉에 가슴을 설렙니다.
봄은 잠자던 모든 것을 깨웁니다.

　아파트 정원에는 많은 나무가 심겨져 있습니다. 은행나무, 단풍나무, 벚나무, 소나무들이 가지마다 파랗게 몸단장을 했습니다. 이런저런 생각을 하며 걷다가, 푸릇푸릇한 '신록'(新綠)에 마음을 빼앗겨 생각하기를 포기하고는 그저 발이 가는 데로 정원을 걷습니다.
　하지만, 아직도 깊은 잠에 빠져 있는 한 나무가 눈에 들어옵니다.
　'어, 저 녀석은 왜 아직도 저러고 있지?
　다른 나무들은 꽃도 피고 잎도 푸르기만 한데!'
　저는 걷던 길 멈추고 그에게 다가가 잠시 말을 붙여봅니다.
　'넌 왜 아직도 이러고 있는 거니?

야, 일어나 봐!'

하지만, 아무런 대답이 없습니다. 저는 이상하다 싶어 나무를 살펴보는데 순간 섬뜩해져 옵니다.

'죽었습니다!'

굵은 나무줄기가 밑동까지 말라 비틀어져서 '쩍' 갈라져 있습니다.

> 마음의 즐거움은 얼굴 표정을 밝게 하고 마음의 근심은 심령을 상하게 한다(잠 15:13 현대인의성경).

우리의 인생의 즐거움이 무엇에서부터 날까요?

인생의 진정한 희락은 기쁨의 근원이 되시는 주님으로부터 납니다. 세상의 즐거움을 쫓아 방황하다가 허무와 절망만 가득한 삶을 살았던 모든 이들의 마지막 고백은 "주님만이 나의 진정한 희락입니다"라는 고백입니다.

왜냐하면, 주님은 생명이시기 때문입니다.

주님은 오늘도 상한 심령을 품고 낙심 가운데 주저앉아 있는 우리를 향하여 말씀하십니다.

> 수고하고 무거운 짐 진 자들아 다 내게로 오라(마 11:28).

상한 마음의 치유는 의외로 간단합니다. 고통의 짐을 주님께 내려놓는 것입니다.

하지만, 이 짐을 내려놓는 이가 많지 않습니다. 왜냐하면, 이 짐 뒤에 감추어진 끈적끈적한 탐욕 때문입니다. 탐욕을 내려놓지 못하는 한 만족과 기쁨은 없습니다.

탐욕은 '근심의 샘'이며 근심은 '상한 심령의 어미'입니다.

그냥 살면 뭐합니까?

하루하루 늘 허무 속에서 기쁨이 없이 살아간다면, 우리가 좀비와 무엇이 다르겠습니까?

여러분, 잠시 거울을 보세요!

오늘 당신 얼굴에 빛이 납니까?

오늘은 빛을 의지하여 즐겁게 살기….

오늘의 묵상 말씀

잠언 15:13

마음의 즐거움은 얼굴을 빛나게 하여도 마음의 근심은 심령을 상하게 하느니라

Proverbs 15:13

A happy heart makes the face cheerful, but heartache crushes the spirit.

25. 우산 장수와 아이스크림 장수

"후두둑 후두둑" 제법 굵은 봄비가 밤새 내립니다. 비에 젖은 지평은 아기 볼살처럼 고운 안개를 모락모락 땅 위에 쏟아놓습니다. 새벽 기도를 마치고 돌아오는 길에 아내에게 말을 건넵니다.

"오늘 선거하는 날인데 이렇게 비가 오면 야당이 유리한 건가? 아니면, 여당이 유리한 건가…."

아내가 말합니다.

"요새는 여당도, 야당도, 날씨로는 특별히 선거에 큰 영향을 받지 않는다고 그러던데요!"

"음, 그래?"

우산 장수 큰아들과 아이스크림 장수 작은아들을 둔 한 노인이 늘 자식들 때문에 근심 가운데 삽니다. 비가 오면 큰아들이 장사 잘 될 걸 생각하니 흐뭇하지만, 아이스크림 장수 작은아들을 생각하면 마음이 편하질 않습니다.

반대로 날이 좋으면 작은아들 아이스크림 잘 팔려서 좋지만, 큰아들 생각하면 마음이 아파옵니다. 그래서 비가 오나 날이 화창하나 늘 걱정입니다.

노인의 수심이 깊어지던 어느 날 한 친구가 찾아와 그의 사연을 듣더니 껄껄 웃으면서 이렇게 말합니다.

"이보게 친구, 뭘 그리 걱정하는가?

반대로 이렇게 생각해 보게!

비가 오면 큰아들이 우산 잘 팔려 좋고 날이 화창하면 작은아들이 아이스크림 잘 팔려 좋고, 당신만큼 복 받은 사람이 어디에 또 있나?"

성경은 가장 좋은 것을 예비하시는 하나님 아버지의 경륜을 말씀하십니다.

> 악한 사람이라도 자기 자녀에게는 좋은 선물을 줄줄 아는데 하물며 하늘에 계신 너희 아버지께서 구하는 사람에게 더 좋은 것을 주시지 않겠느냐?(마 7:11, 현대인의성경)

예수님은 환경과 조건과 결과에 만족하지 않는 우리에게 오히려 반문하고 계십니다.

'좋은 것으로 주시지 않겠는가?'

때론, 우린 원망합니다.

'왜 비입니까?

왜 화창한 날씨입니까?'

원망했던 나의 마음이 부끄러워집니다.

지나고 보면 '그래서 그렇게 하신 것이었구나!'라고 고백하게 되기 때문입니다. 그의 '경륜'(economy)이란 '그의 생각, 그의 의지, 그의 일하심'을 말합니다.

우리는 그분의 경륜을 신뢰합니다.

그래서 오늘도 우리는 평안할 수 있습니다.

주님의 경륜을 신뢰하는 자는 비도 화창한 날씨도 감사입니다. 주님을 전적으로 신뢰하는 자에게 주신 축복입니다.

그래서 '감사'는 '믿음'의 다른 말이며 믿음은 '조건'에 매이지 않는 '해석'입니다.

오늘은 주님의 경륜을 신뢰하기….

오늘의 묵상 말씀

마태복음 7: 9-11

9 너희 중에 누가 아들이 떡을 달라 하는데 돌을 주며
10 생선을 달라 하는데 뱀을 줄 사람이 있겠느냐
11 너희가 악한 자라도 좋은 것으로 자식에게 줄 줄 알거든 하물며 하늘에 계신 너희 아버지께서 구하는 자에게 좋은 것으로 주시지 않겠느냐

Matthew 7:9-11

9 Which of you, if his son asks for bread, will give him a stone?
10 Or if he asks for a fish, will give him a snake?
11 If you, then, though you are evil, know how to give good gifts to your children, how much more will your Father in heaven give good gifts to those who ask him!

26. 육칼, 촌밥, 왕만두

성경대학 프로그램이 끝나고 출출하던 차에 모 권사님이 말씀하십니다.
"제가 맛있는 점심 식사를 대접해 드릴게요."
이 식당은 단출하지만, 점심시간에는 줄을 서서 기다려야 한답니다. 우리는 서둘러 식당에 도착합니다. 점심시간이 조금 지난 이후라 다행히 기다리는 줄이 길지 않습니다.
함께 줄을 서서 한 10분을 기다리다가 식당 안으로 들어가 자리에 앉습니다.
"육칼 하나, 촌밥 둘, 왕만두 하나 주세요!"
메뉴를 주문하고 기다리는데 만두가 먼저 나옵니다.
'그래. 이 집 만두가 얼마나 맛있나 보자!'
저는 왕만두 하나를 집어 들고 간장 소스에 듬뿍 묻힙니다. 그리고 한 절반 정도를 입안으로 쓱 밀어 넣고는 살며시 깨물어 봅니다.
그 순간입니다!
쫀득한 얇은 왕만두 피가 입안에서 툭 터지는가 싶더니 순간 부추와 숙주와 고기의 감칠맛 나는 육즙 향이 코끝에서 머리끝으로 전해집니다. 그리고 이내 입안으로 쏟아져 나온 만두 속 육즙이 입안에서 녹아내립니다.

순간 나도 모르게 입가에 미소가 흐릅니다.

'허헛, 이게 뭐지, 이 집 만두 대박일세!

음, 그래 이거야, 내가 바라던 그 만두!

그 만두 맛이야!'

이렇게 감격하던 차에 이번엔 연이어 주메뉴인 '육칼'과 '촌밥' 이 나옵니다. 시뻘건 육수 국물에 숙주와 고기와 칼국수가 큰 대접에 수북이 쌓여 있는 것이 비주얼이 장난이 아닙니다. 입에서 침이 솟습니다. 드디어 한 젓가락 듬뿍 음식을 집고는 입에 넣습니다.

과연 이 음식 맛이 어땠을까요?

기가 막히게 맛있습니다!

무엇이 부추이고, 숙주인지, 무엇이 고기이고, 면발인지, 구별이 되지 않는 맛, 절대 어우러짐의 감칠맛입니다.

계산을 끝내니, 우리 등 뒤로 여주인이 상냥하게 인사합니다.

"감사합니다. 안녕히 가세요!"

멀리 식당 구석 자리에 앉아 상위에 부추를 펼쳐놓고 열심히 식재료를 다듬고 있던 한 여종업원이 활짝 웃으며 따라 인사합니다.

"감사합니다. 안녕히 가세요!"

그런데 신기하게도 주인과 목소리가 구별이 안 되게 똑같습니다.

'똑같은 음성과 똑같은 톤!'

'참 재미있다'라는 생각이 들었습니다.

하지만, 한편 '일이 많아 힘들고 귀찮아지면 종업원이 저렇게 주인을 따라 인사하는 게 쉽지 않은데 저 주인이 저 종업원을 마음을 가졌구나!'라는 생각이 들었습니다.
  저는 이 가게가 잘 되는 이유를 알게 됩니다.
  이 가게는 음식이든, 마음이든, 무엇이든지 '하나'입니다.

> 몸도 하나이며 성령님도 한 분이십니다. 이와같이 여러분도 한 희망 가운데서 부르심을 받았습니다 (엡 4:4, 현대인의성경).

우리는 하나가 될 때 행복하고 하나 될 때 힘과 능력이 나타남을 압니다. 가정 안에서 부부가 하나가 되고, 부모와 형제가 하나가 되며, 주인과 종업원이 하나가 되고, 주님의 자녀들이 하나가 될 때, 세상을 이겨 나아갈 힘이 그 가운데 있습니다.
  그러나 하나가 되는 축복을 누구나 모두 누리는 것은 아닙니다. 우리의 하나됨은 하나님이 하나의 영이시기에 우리가 하나가 된다고 말씀하십니다. 우리가 하나 될 수 있는 비결은 우리가 한 하나님을 함께 바라보는 것이며 그분 안에 함께 있는 것입니다.
  '몸이 하나요, 성령도 하나이니 너희도 하나가 돼라!'
  하나됨은 '획일'이 아니라 '조화'입니다.
  하나됨은 '포기'가 아니라 '세움'입니다.
  하나됨은 '희생'이 아니라 '더함'입니다.
  신앙 생활과 음식 맛도 다 그렇습니다.
  오늘은 주안에서 하나되기….

오늘의 묵상 말씀

에베소서 4:4

몸이 하나요 성령도 한 분이시니 이와 같이 너희가 부르심의 한 소망안에서 부르심을 받았느니라

Ephesians 4:4

There is one body and one Spirit--just as you were called to one hope when you were called.

27. 저장 공간 부족

스마트폰을 꺼내 들고는 검색한 동영상을 저장하기 위해 '저장'을 누릅니다. 순간 "띠릭"하고 경고음과 함께 문자가 뜹니다.
"저장 공간 부족, 뭐라고?
저장 공간이 부족이라고?"
곧, 저는 필요 없는 메모리를 정리하기 위해 사진과 동영상이 저장된 스마트폰의 '갤러리' 안을 살펴봅니다.
그곳 안에는 정말 오랫동안 방치되어 있던 사진들과 동영상으로 가득했습니다. 지나온 세월의 흔적들이 고스란히 담겨져 있습니다.
그곳에는 기억하고 싶지 않은, 할 수만 있다면 지워 버리고 싶고 피하고 싶은 순간들이 깨진 유리 조각처럼 널려져 있었습니다.
저는 조심스럽게 한 장씩 지워 버리기 시작합니다.
하지만, 저는 곧 고민에 빠집니다. 지우고 싶은 순간, 지우고 싶은 사람, 지우고 싶은 기억 속에 여전히 소중한 순간, 소중한 사람, 소중한 기억이 함께 그 조각 속에 담겨 있기 때문입니다.
그리고 무엇보다도 그곳에 진지하게 나를 바라보고 있는 내가 그 안에 있습니다.

"이 사진 좀 한번 보세요!

이 사진 손에 있는 나는 앞으로 어떻게 될지 아무것도 모른 체 바보처럼 저렇게 웃기까지 하네요."

사진 속에 날 바라보자니 짠 해집니다.

'흠, 뭘 지워, 뭘 지울 수 있단 말이야?'

> 여호와께서 예루살렘을 재건하시며 이스라엘의 포로들을 돌아오게 하시고 마음 상한 자를 고치시며 그들의 상처를 싸매시는구나 (시 147:2-3, 현대인의성경).

'상심한'은 영어성경(New International Version, NIV)에 'broken hearted'로 기록되어 있는데, 특히 사랑하는 사람이 떠나므로 받은 슬픔을 말할 때 쓰는 단어입니다.

이 단어를 통해 집을 나간 아들을 바라보시고 아파하시는 하나님 아버지의 마음을 고스란히 느껴봅니다.

우리를 사랑하시는 하나님 아버지께서 우리를 어찌 잊으실 수 있겠습니까?

사랑은 지울 수, 잊을 수 있는 그런 것이 아닙니다. 아픈 기억과 아픈 세월을 지운다는 것은 그곳에 있었던 사랑, 은혜, 감사까지도 함께 지우는 것입니다. 그리고 무엇보다도 그 세월 동안 닳이 아팠지만, 지금까지 이겨온 '당신'도 함께 지우는 것입니다.

비록, 미련함 때문에 실수가 많았던 삶일지라도 주님과 함께 한 삶이라면 눈물과 땀으로 견뎌온 당신의 그 자리가 당신의 '최선'이고 '자존'입니다.

지금이란 시간 앞에 선 당신의 자존은 아픈 세월 속에 있음을 잊지 마시고 세월을 지우려고 하지 마십시오!

마음속에 아픈 기억은 '지우는 것'이 아니라 '은혜로 덮는 것'입니다. 아쉬웠던 지난 세월이 남겨진 '세월의 길잡이'가 되도록 잘 사는 길 외에는 지난 세월을 이기는 방법은 없습니다.

오늘은 은혜로 덮고 살기….

오늘의 묵상 말씀

시편 147:2-3

2 여호와께서 예루살렘을 세우시며 이스라엘의 흩어진 자들을 모으시며
3 상심한 자들을 고치시며 그들의 상처를 싸매시는도다

Psalms 147:2-3

2 The Lord builds up Jerusalem; he gathers the exiles of Israel.
3 He heals the brokenhearted and binds up their wounds.

28. 인턴사원과 정직원

아침이면 하얀 와이셔츠에 감청색 양복을 입고 검은 구두며 깔끔하게 정돈된 머리를 하고 목에는 사진이 부착된 회사 명찰을 목에 건 채로 분주하게 회사 통근차로 향하는 수십 명의 젊은 청년들과 마주치게 됩니다.

모 대기업의 '인턴사원'들입니다. 모 대기업이 우리가 사는 아파트 두 동 전체를 정직원 기숙사와 새내기 연수원으로 대용하고 있는 것입니다.

아침이면 인턴사원들이 정직원들과 함께 출근 버스를 타기 위해 줄을 섭니다. 정직원들 틈 속에서 새내기 연수생들을 구분하는 것은 그리 어려운 일이 아닙니다. 큰 명찰을 단 이들은 모두 인턴사원들입니다.

하지만, 정작 그들을 구분할 수 있는 가장 두드러진 차이점은 그것에 있지 않고 따로 있습니다. 그것은 바로 '젊음'입니다.

그들의 신선한 얼굴, 아직 때 묻지 않은 윤기 있는 목소리, 무엇인가 기대감으로 가득 차 있는 발걸음, 총명함으로 반짝거리는 눈빛과 해맑게 웃고 있는 미소를 보노라면 마치 세상을 향해 힘차게 막 떠오르는 '아침 해'를 대하는 기분입니다.

'음, 그래 나도 저랬었지!'
그리고 저 자신에게 한 가지 질문을 해 봅니다.
'만약, 다시 젊은 시절로 돌아 갈 수만 있다면 넌 어느 때로 돌아가고 싶니?
그리고 너는 무엇을 하고 싶니?'

> 시간을 아끼십시오. 이 시대는 악합니다(엡 5 16, 현대인의성경).

세월을 "아끼라"는 말에서 '아끼다'라는 헬라어 '엑스아고라조'(ἐξαγοράζω)로서 '구원하다'라는 의미가 있습니다.
"때가 악하니라"는 말에서 '악하다'라는 헬라어 '포네로스'(πονηρός)로서 '무가치한'이란 뜻을 가집니다. 그러므로 단어의 의미를 조합해 보면 '너의 세월을 무가치 속에서 구원하라'는 의미로 해석됩니다.
악한 영은 우리에게 세상을 보여 주며 우리가 채워지지 않는 허무에 모든 것을 '올인'을 하도록 미혹합니다. 사단은 그것이 널 만족하게 한다고 미혹합니다.

> 여러분은 어리석은 사람이 되지 말고 주님의 뜻이 무엇인지 이해하십시오(엡 5:17, 현대인의성경).

주님의 뜻을 분별하는 것은 우리의 삶 속에 담긴 주가 주신 삶의 참가치를 찾는 것입니다. 주님의 뜻을 분별하기 위해서는 잣대가 필요합니다.

이 장치는 간단합니다.
스스로 질문해 봅니다.
'주님이라면 어떻게 하셨을까?'
이 질문이 주님의 뜻을 분별하는 여러분의 '잣대'가 될 것입니다.
내일의 나 보다는 아직 젊은 오늘의 나를 살아가는 청춘 여러분!
그래서 무엇이든지 '지금'이라면 아직 늦지 않습니다.
세월을 아끼며 후회 없이 살기….

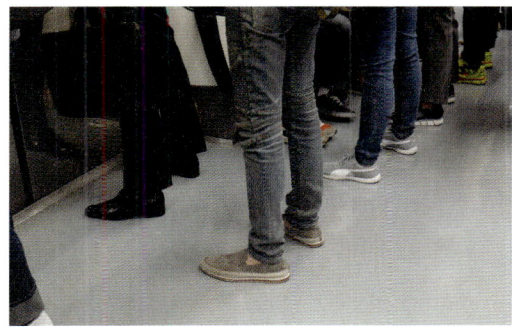

오늘의 묵상 말씀

에베소서 5:16-17

16 세월을 아끼라 때가 악하니라
17 그러므로 어리석은 자가 되지 말고 오직 주의 뜻이 무엇인가 이해하라

Ephesians 5:16-17

16 making the most of every opportunity, because the days are evil.
17 Therefore do not be foolish, but understand what the Lord's will is.

29. 옐로우스톤국립공원

　가끔 바람이 세차게 불면 미국에서 경험했던 '돌풍'을 기억하곤 합니다. 가족들과 함께 캠핑을 위해 '옐로우스톤국립공원'(Yellow-stone National Park)을 향합니다.
　끝없이 펼쳐진 광야 위를 한 8시간 달렸을까요?
　험한 산악길을 굽이굽이 돌아 넘어 서니, 이윽고 초원 구릉 지대 위에 놓이게 됩니다. 우리는 다시 이 광활한 초원을 가로지르는 고속도로 위를 힘있게 달려갑니다.
　그때입니다. 갑자기 먹구름이 하늘을 뒤덮고 어두워지더니 천둥번개와 함께 우박이 차창을 내리치기 시작합니다. 달리는 차의 좌우 하늘 옆으로 번개가 스쳐 지나가고 우리는 마치 폭탄을 피해 달리는 전차처럼 이 번개 길을 헤쳐 달려 나아갑니다. 난생처음 겪어 보는 광경에 살짝 흥분과 두려움이 교차 됩니다.
　하지만, 이 기분도 잠시뿐 점점 우박은 심해지고 바람은 강해집니다. 그리고 더욱 심해진 우박과 비로 시야는 잘 보이지 않습니다.
　급기야 강한 바람과 미끄러운 도로로 인해 핸들이 내 의지와는 상관없이 움직입니다. 나는 순간 이 상황이 쉬운 상황이 아니라는 것을 직감하게 됩니다.

바로 그때입니다!

훅하고 '돌풍'이 차를 덮칩니다. 순간적으로 앞쪽 두 바퀴가 공중에 들리고 난 후, 다시 차의 무게 중심이 앞 범퍼로 쏠리면서 바닥에 차가 내리꽂힙니다.

몸이 앞으로 쏠리면서 차가 좌우로 흔들립니다. 순간 아찔하고 당황했지만, 운전대를 가까스로 고쳐 잡습니다. 차에 타고 있는 가족들을 위해 태연한 척합니다.

'이야! 이 바람 아주 대단한데 차를 들었다 늦았다 하네! 후훗!'

그때 반대 쪽에서 다가오는 차들이 우리에게 경고등을 깜빡거리며 속도를 늦추고 조심하라고 손짓, 눈짓을 합니다.

며칠 전, 바람이 드세게 불었습니다. 아파트 공동 현관문을 나아가니 며칠 전 돌풍이 아파트를 훑고 지나가면서 남겨놓은 흔적들이 곳곳에 보입니다. 바람에 쓰러지고 뽑힌 나무들이 이 곳 저곳에 나뒹굽니다. 나무를 살펴보고 있자니 한 가지 궁금해지는 것이 있습니다.

어떤 나무는 쓰러지고, 또 어떤 나무는 왜 쓰러지지 않았을까요?

하지만, 그 해답을 찾는 데 오래 걸리지 않습니다. 바람에 뽑히고 넘어진 나무들은 모두 하나같이 나무를 지지해 주는 '삼목(三木) 지지대' 역시 뽑히고 부러져 있는 것을 발견합니다.

> 추운 밤에 두 사람이 함께 누우면 따뜻해진다. 그러나 혼자서 어떻게 따뜻해질 수 있겠는가? 한 사람으로서는 당해 낼 수 없는 공격도 두 사람이면 능히 막아낼 수 있으니 삼겹줄은 쉽게 끊어지지 않는다

(전 4: 11-12, 현대인의성경).

우리가 연합하고 하나가 되어야 할 이유입니다. 사람은 절대로 혼자 설 수 없습니다. 모진 강한 바람을 이겨 낸 나무 곁에는 삼겹줄처럼 지지해 준 '삼목(三木) 지지대'가 있었습니다.

제 주위를 돌아봅니다. 그리고 나를 지금껏 버티게 해 `준 삼겹줄 같은 '삼목 지지대'가 무엇이었는지 살펴봅니다.

늘 긍휼을 베푸시는 주님, 늘 함께해 준 가족, 늘 기도해 주시는 성도님들, 잊지 않고 기도해 주는 친구들에게 그저 감사하고 고맙습니다. 지금까지 살아온 것이 내 덕이 아닙니다.

오늘은 서로에게 든든한 삼겹줄 되어 주기….

오늘의 묵상 말씀

전도서 4:11-12

11 또 두 사람이 함께 누우면 따뜻하거니와 한 사람이면 어찌 따뜻하랴
12 한 사람이면 패하겠거니와 두 사람이면 맞설 수 있나니 세 겹 줄은 쉽게 끊어지지 아니하느니라

Ecclesiastes 4:11-12

11 Also, if two lie down together, they will keep warm. But how can one keep warm alone?
12 Though one may be overpowered, two can defend themselves. A cord of three strands is not quickly broken.

30. 영혼을 망치는 해충

　성도님들이 한자리에 모여 친교를 나누며 식사를 합니다. 제 맞은편에 집사님 내외분이 앉아 식사를 맛있게 하고 있습니다.
　그런데 갑자기 여자 집사님이 목에 무엇이 걸린 듯 입을 가리고 '재채기'를 합니다. 입을 가렸지만, 입에 있던 밥알이 순식간에 폭발음과 함께 입 밖으로 튀어나옵니다. 곁에 있던 권사님이 얼른 휴지를 가져다주십니다.
　남편 집사님이 여자 집사님을 바라보며 말합니다.
　"밥 먹을 땐 조심해야지 빨리 입을 가리고…."
　저는 남편 집사님께 "괜찮아요. 그럴 수도 있죠. 오늘 메뉴가 김밥이라서 음식 먹기가 좀 뻑뻑하셨던 모양이죠"라고 말하는데, 가만히 그 남편 집사님의 얼굴을 쳐다보니, 이런! 우리 남편 집사님의 입과 볼에는 '밥풀'이 두 개나 붙어 있습니다.
　음…, 저는 그 남편 집사님을 바라보며 제 입과 볼을 손가락으로 툭툭치며 떼어 내라고 사인(sign)을 보냅니다. 그 집사님은 겸연쩍은 듯 웃으며 얼른 휴지로 밥알을 떼어 냅니다.
　곁에 있던 권사님이 이 부부를 바라보며 활짝 웃으십니다. 그런데 "헐!" 하며 웃고 있는 우리 권사님 앞니에는 '왕 김'이….

분노를 참는 것이 사람의 슬기이며 남의 허물을 덮어 주는 것이 자기의 영광이다(잠 19:11, 현대인의성경).

'노하기를 더디하는 사람'은 '온유한 사람'이라서 상대의 실수와 허물에 대하여 용서하며 관대합니다. 이런 사람 주위에는 늘 사람이 더하여지고 이 사람 사이엔 늘 기쁨과 평안이 있습니다.

하지만, '분'을 다스리지 못하고 노하기를 들끓듯 하는 사람에게는 기쁨과 평안이 없습니다. 자신 안에 세워 놓은 높은 잣대에 허무를 매달아 놓았기 때문입니다. 그래서 분노는 밖이 아니라 자신 안에서부터 시작된 것입니다. 자신의 높은 잣대를 꺾지 않는 한 화평은 없습니다.

말씀은 허물을 덮고 용서하면 '사람'을 얻는 것이고 후에 그를 통하여 네가 '영광'을 얻게 된다고 말씀하십니다.

허물을 용서하고 당신의 삶을 옥죄고 있던 분노에서 벗어나십시오.

그리고 당신이 용서한 세상에서 '천국'을 이루며 '자유인'으로 기쁨 충만하게 사시기를 기대합니다.

한 가지 기억하세요!

분노는 내 안에 있던 사람도 떠나가게 합니다.

오늘은 허물을 덮고 천하를 가슴에 품기….

오늘의 묵상 말씀

잠언 19:11

노하기를 더디 하는 것이 사람의 슬기요 허물을 용서하는 것이 자기의 영광이니라

Proverbs 19:11

A man's wisdom gives him patience; it is to his glory to overlook an offense.

에필로그

치유는 더해지는 것이 아니라 내려놓는 것이다

사람은 기다림에 사무쳐 본 경험이 있을 때, 기다리는 이의 '절절함'이 무엇인지 알게 된다.
사람은 치열한 가난과의 싸움에 놓여 본 아픔이 있을 때, 비로소 가난 때문에 참아야 하는 이의 '비굴함'을 알게 된다.
사람은 처절한 이별 가운데 눈물로 밤을 지새워 보았어야, 그리움에 눈물을 흘리는 이의 '사무침'을 알게 된다.
사람은 실패의 끝없는 무기력감 가운데 몸부림쳐 본 과거가 있을 때, 좌절 가운데 있는 이의 '처절함'이 무엇인지 알게 된다.
사람은 깊은 상처를 가슴에 안고 살아본 사연이 있어야, 쉽게 마음 문을 열지 못하는 이의 '두려움'을 알게 된다.
우리는 생각지도 못했던 어려움이 있을 때, 왜 나에게 이런 일이라고 질문을 하게 된다.

하지만, 지나고 나면 왜 나에게 그러셨는지 알게 된다. 그 깨달음과 지혜는 내 안에 있는 나 스스로 알 수 없다. 그것은 밖으로 나가 나를 볼 수 있을 때, 비로소 갖게 된다.

성경 말씀은 끊임없이 우리를 '밖으로' 불러내신다. 그리고 밖에서 우리 자신을 바라보는 지혜를 갖게 하신다.

불행히도 우리의 경험이 반드시 지혜로 귀결되지는 않는다. 아픈 경험이 지혜가 되기 위해선 아픔을 지혜로 인도하는 '길잡이'가 필요하다. 성경은 우리를 지혜로 이끄시는 '목자'가 되신다.

> 치유란 낫는 것이 아니라 이기는 것이다.
> 치유는 회복되는 것이 아니라 새로워지는 것이다.
> 치유는 강해지는 것이 아니라 자신의 약함을 발견하는 것이다.
> 치유는 더해지는 것이 아니라 내려놓는 것이다.

내 안에 붙잡혀 있던 나를 밖으로 끌어내어 나를 돌아보게 하신 주님께 감사를 드린다. 나는 아직도 갈 길이 먼…, 되어져 가는 '신앙인'이다. 나의 글이 당신을 이러한 지혜로 인도하는 데에 도움이 되길 바란다.

끝으로, 늘 기도로 중보하는 교우들과 늘 든든한 울타리가 되어 주는 나의 가족들, 그리고 늘 기도로 눈물을 적시는 어머님과 천국에 계신 아버님께 감사하며 이 책을 드린다.

2019년 11월